LE BURNOUT amoureux

Infographie : Chantal Landry
Révision : Gervaise Delmas
Correction : Odile Dallaserra

Coordination de projet et direction éditoriale :
Les Communications Jean Couture inc.

Du même auteur :
L'infidélité – Un traumatisme surmontable,
Les Éditions de l'Homme, 2012.

Données de catalogage disponibles auprès de Bibliothèque et Archives nationales du Québec.

01-15

Dépôt légal : 2015
Bibliothèque et Archives nationales du Québec

ISBN 978-2-7619-3315-5

DISTRIBUTEURS EXCLUSIFS :

Pour le Canada et les États-Unis :
MESSAGERIES ADP inc.*
2315, rue de la Province
Longueuil, Québec J4G 1G4
Téléphone : 450-640-1237
Télécopieur : 450-674-6237
Internet : www.messageries-adp.com
* filiale du Groupe Sogides inc.,
filiale de Québecor Média inc.

Pour la France et les autres pays :
INTERFORUM editis
Immeuble Paryseine, 3, allée de la Seine
94854 Ivry CEDEX
Téléphone : 33 (0) 1 49 59 11 56/91
Télécopieur : 33 (0) 1 49 59 11 33
Service commandes France Métropolitaine
Téléphone : 33 (0) 2 38 32 71 00
Télécopieur : 33 (0) 2 38 32 71 28
Internet : www.interforum.fr
Service commandes Export – DOM-TOM
Télécopieur : 33 (0) 2 38 32 78 86
Internet : www.interforum.fr
Courriel : cdes-export@interforum.fr

Pour la Suisse :
INTERFORUM editis SUISSE
Case postale 69 – CH 1701 Fribourg – Suisse
Téléphone : 41 (0) 26 460 80 60
Télécopieur : 41 (0) 26 460 80 68
Internet : www.interforumsuisse.ch
Courriel : office@interforumsuisse.ch
Distributeur : OLF S.A.
ZI. 3, Corminboeuf
Case postale 1061 – CH 1701 Fribourg – Suisse
Commandes :
Téléphone : 41 (0) 26 467 53 33
Télécopieur : 41 (0) 26 467 54 66
Internet : www.olf.ch
Courriel : information@olf.ch

Pour la Belgique et le Luxembourg :
INTERFORUM BENELUX S.A.
Fond Jean-Pâques, 6
B-1348 Louvain-La-Neuve
Téléphone : 32 (0) 10 42 03 20
Télécopieur : 32 (0) 10 41 20 24
Internet : www.interforum.be
Courriel : info@interforum.be

Gouvernement du Québec – Programme de crédit d'impôt pour l'édition de livres – Gestion SODEC – www.sodec.gouv.qc.ca

L'Éditeur bénéficie du soutien de la Société de développement des entreprises culturelles du Québec pour son programme d'édition.

Conseil des Arts du Canada / Canada Council for the Arts

Nous remercions le Conseil des Arts du Canada de l'aide accordée à notre programme de publication.

Nous reconnaissons l'aide financière du gouvernement du Canada par l'entremise du Fonds du livre du Canada pour nos activités d'édition.

François St Père

LE BURNOUT amoureux

Collaboration à la rédaction :
Françoise Bâby Ouimet et Jean Couture

LES ÉDITIONS DE L'HOMME
Une société de Québecor Média

AVANT-PROPOS
Panne d'amour

« Louis, tu ne trouves pas que, depuis un bon bout de temps, il ne se passe plus rien entre nous ? À part régler les comptes, entretenir la maison et prendre soin des enfants, il semble que nous vivons comme des colocataires.

— Bon, voilà que ça recommence ! On ne s'en sortira donc jamais ! Chaque fois que nous nous retrouvons seuls ensemble, ce qui est de plus en plus rare je te ferai remarquer, tu ne rates jamais l'occasion de tout gâcher. Il me semble qu'on pourrait en profiter pour discuter d'autre chose, non ?

— On sait bien, avec toi, ce n'est jamais le moment. Je ne sais pas ce que ça te prendrait pour te mettre les yeux vis-à-vis des trous, mais, entre toi et moi, il ne se passe plus rien. On se regarde à peine quand on se croise, on n'échange que pour le nécessaire et on rate rarement une occasion de s'adresser des reproches. Des fois, je me demande si nous sommes encore un couple…

— C'est ça, dis donc que c'est ma faute, puisqu'on y est !

— Tu vois, pas moyen de discuter avec toi ! Dès que je me permets une petite remarque, tu te sens accusé et tu montes sur tes grands chevaux !

— Pour une fois que nous pouvions prendre un repas tranquille ensemble, j'aurais souhaité profiter du bon temps qui nous est offert sans avoir à faire face à un barrage de questions comme si je me retrouvais à la cour.

— Franchement ! Tu ne trouves pas que t'exagères !

— Ben oui, c'est ça, j'exagère... Mais à t'entendre parler, Caroline, je me demande ce que tu fais encore avec moi ! Je ne parle pas assez, je passe trop de temps avec mes amis et je me préoccupe de toi uniquement lorsque je veux t'amener au lit. Je te ferai d'ailleurs remarquer que, pour ce qui est de la baise, nous avons plutôt l'air d'un couple en congé sabbatique.

— Ah ! nous y voilà. Vous autres, les gars, à vous entendre, on dirait que c'est votre pénis qui sert de baromètre à votre vie de couple.

— Quand même, là ! Tu vas un peu loin.

— Pas tant que ça, je te dirais. Ah ! et puis, j'en ai plein le dos de passer pour la chialeuse et la pleurnicheuse de service. N'empêche que, à la somme de reproches que tu me fais, j'ai l'impression de ne jamais être à la hauteur : je dépense sans compter, je manque d'organisation, je suis trop permissive avec les enfants, et quoi encore ? Non, mais regarde de quoi on a l'air : un vieux couple qui ne trouve rien de mieux à faire que de se prendre aux cheveux. Je commence à en avoir jusque-là de nos disputes. Je suis fatiguée, épuisée, en plus d'être découragée. Il y a des fois où...

— Où... Allez, exprime-toi, va au bout de ta pensée.

— À vrai dire, je ne sais plus où j'en suis, où nous en sommes ; c'est comme si je n'arrivais pas à saisir ce qui se passe, ou ne se passe plus, entre nous. Parfois, je me demande s'il ne serait pas avantageux, pour un moment du moins, de mettre notre relation sur *pause*.

— En tout cas, en ce qui me concerne, ce n'est vraiment pas ce que j'attendais d'une vie de couple... »

Sans qu'ils arrivent à le nommer comme tel, Caroline et Louis vivent ce qu'on appelle un burnout amoureux, un phénomène qui touche de plus en plus d'hommes et de femmes vivant en couple. Fruit du cumul de multiples insatisfactions et de déceptions répétées au fil des expériences et du temps, l'épuisement amoureux est un état physique, mental et émotionnel particulièrement éprouvant.

Lorsqu'ils s'en trouvent atteints, les conjoints concernés oscillent entre un désir plus ou moins avoué de rupture, tellement l'abattement est intense, la crainte de ne pas être en mesure d'assumer les conséquences d'une telle décision – et d'éventuellement la regretter – et le mince espoir de relancer ce qui leur apparaît particulièrement chancelant. Ils évaluent ces différentes options sans pour autant arriver à prendre de décision ferme, s'épuisant du fait à tourner en rond pendant des semaines, des mois et souvent même des années.

Pratiquement absent des phases initiales d'emballement et d'habituation qui caractérisent les premières années de vie à deux, l'épuisement amoureux commence à constituer une menace pour le couple à compter du moment où les conflits se multiplient et où la tension se fait de plus en plus intense et fréquente entre conjoints. Il devient un danger bien réel lorsque l'un ou l'autre partenaire – le plus souvent la femme – en vient à ne plus reconnaître, au sein de sa vie de couple, les motifs l'ayant amené à croire qu'un tel engagement lui procurerait l'épanouissement recherché. Las de ne percevoir aucun signe annonciateur de changement – pourtant réclamé – de la part de l'autre, le conjoint affecté sombre alors dans la tristesse et le ressentiment.

Selon les observations de plusieurs spécialistes s'intéressant de près aux relations de couple, les femmes seraient plus nombreuses que les hommes à vivre un épuisement amoureux au sein de leur relation. Cette particularité s'expliquerait du fait qu'elles ont des attentes plus élevées et plus nombreuses que leurs vis-à-vis à l'endroit de leur vie de couple. Pour la majorité d'entre elles, la dynamique amoureuse qu'elles souhaitent maintenir avec leur conjoint occupe une place prépondérante dans leur vie. Lorsque le rapport à l'autre n'est pas à la hauteur de leurs aspirations, ce sont elles – dans la grande majorité des cas – qui multiplient les initiatives afin de l'améliorer. Ce qui en conduit beaucoup à l'épuisement amoureux et certaines, lorsque les tentatives de rapprochement et de relance répétées continuent de se solder par des échecs, jusqu'au désamour et au détachement total.

Dans plusieurs cas, ce n'est malheureusement qu'à cette étape que les hommes prennent conscience de la gravité de la situation et réalisent l'ampleur des dégâts. Pour ceux qui découvrent aussi tardivement que leur conjointe a atteint un point de non-retour et qu'elle est prête à assumer la séparation, le choc est foudroyant et la détresse, inqualifiable. Leur désarroi est à la mesure de l'abattement de celle qu'ils ne croyaient pourtant pas si malheureuse. Beaucoup essaient de se reprendre en main ou de demander de l'aide, mais il se fait souvent bien tard. Ils se retrouvent alors face à une partenaire qui, par dépit ou par découragement, a complètement baissé les bras ou, pire, en est venue à ne plus éprouver de sentiments amoureux à leur endroit.

Bien qu'il s'agisse là d'une situation exigeant une réaction rapide et appropriée, et qu'on aurait tort de taire ou d'esquiver, elle n'est toutefois pas insoluble ou insurmontable. Le burnout amoureux étant un phénomène qui s'inscrit progressivement au sein d'une vie de couple, il est donc possible de stopper la dégringolade et de renverser le cours des choses avant qu'il ne soit trop tard. Il existe des données et des connaissances pour comprendre, prévenir et contrer ce phénomène, tout comme il y a des moyens pour surmonter l'épuisement amoureux et pour retrouver l'équilibre et l'épanouissement recherchés au sein d'une vie de couple.

Même s'il existe une quantité impressionnante d'ouvrages sur la relation de couple, il s'en trouve cependant très peu sur le burnout amoureux – ses causes, sa prévention et son traitement – et encore moins en langue française. C'est ce qui m'a amené à vouloir sensibiliser les conjoints concernés à ce phénomène et à mettre à leur disposition les outils nécessaires afin qu'ils puissent s'extirper de ce douloureux état et aspirer à une vie meilleure, que ce soit ensemble ou chacun de leur côté.

NOTIONS ET EXEMPLES CONCRETS

L'épuisement amoureux, tel que le vivent Caroline et Louis, ne relève pas de l'exception ou du cas isolé. Nombreux sont les partenaires qui, après un certain nombre d'années de vie commune, se désolent des tangentes qu'a prises leur vie de couple à un moment ou l'autre de leur parcours. Les attentes de l'un et l'autre conjoint, les impératifs sociaux et les responsabilités parentales, entre autres, exercent une pression constante dont aucun couple - même ceux qui se croyaient inébranlables - n'est à l'abri.

C'est pour cette raison que, afin de saisir toute l'ampleur de l'épuisement amoureux et d'être en mesure de réagir convenablement à ses manifestations, il importe d'abord de se familiariser avec chacune des étapes par lesquelles est appelée à passer toute personne ayant choisi de faire sa vie avec quelqu'un d'autre et, surtout, de reconnaître les indices annonciateurs de difficultés.

C'est ce que donne à voir le présent ouvrage, qui s'inspire directement de l'expérience clinique qui est la mienne depuis près de deux décennies. Bien que les portions plus théoriques s'appuient sur les études les plus sérieuses et les plus récentes, j'ai tout de même évité d'utiliser des termes propres aux spécialistes de la relation d'aide, privilégiant plutôt un langage dans lequel tout lecteur pourra se reconnaître. Puis, sans verser dans les formules magiques et les solutions miracles, je me suis également permis de faire des recommandations dans le but d'aider les partenaires concernés à stopper la glissade pernicieuse dans laquelle ils sont engagés, à retrouver une vie à deux plus satisfaisante et harmonieuse ou, pour ceux qui ont atteint un point de non-retour, à mieux faire le deuil de leur relation.

Ce livre d'inspiration clinique vous fera également découvrir l'histoire émouvante du couple formé de Caroline et Louis, de même que de celui, abordé un peu plus tard, unissant Josée à Jean-Marc. Esquissés sur le modèle de ceux qui viennent me consulter à ce propos chaque semaine, ces couples virtuels s'apparentent en tous points à ceux qui peinent à composer avec les contrecoups du burnout amoureux. Au fil des observations proposées, on voit ainsi l'un et l'autre partenaire passer de la passion amoureuse la plus fébrile aux situations conflictuelles les plus déchirantes, démontrant du fait de quelle façon s'enclenche et s'articule le processus d'épuisement amoureux.

TOUS CONCERNÉS

Comme on pourra le deviner, le présent ouvrage s'adresse d'abord et avant tout à ceux et celles dont la relation s'étiole, dont l'amour qu'ils portent à leur partenaire présente des signes de fatigue et d'épuisement laissant présager le pire. La démarche proposée leur fournira divers éléments leur permettant, entre autres, de dénoncer des attitudes ou des agissements qui sont devenus intolérables, d'évaluer si l'amour a encore une chance de reprendre vie, de reconnaître – au pire des cas – le moment où le point de non-retour est atteint et, ultimement, de prendre les décisions qui s'imposent.

Les conjoints qui cherchent à comprendre pourquoi l'autre en est venu à expérimenter une telle lassitude amoureuse trouveront également matière à réflexion dans les pages qui suivent. Au fil des éléments abordés, ils se verront proposer des pistes pour les aider à reconquérir le cœur du partenaire accablé ou, lorsque ce n'est plus possible, à faire en sorte que la distanciation s'effectue dans le respect et la déférence.

Puisque aucune relation amoureuse n'est à l'abri de l'épuisement amoureux, l'approche préconisée ici intéressera également toute personne engagée dans une relation de couple. À travers le cheminement des quatre partenaires observés, les uns comme les autres seront en mesure de découvrir les étapes où eux-mêmes ont expérimenté une forme ou l'autre de lassitude amoureuse, ou encore de reconnaître celles où ils risquent de se rendre vulnérables. Ils seront alors plus à même de repérer les dangers potentiels et, au besoin, d'y faire obstacle avant que les remises en question existentielles ne se posent.

Peu importe sur quel plan ils s'en trouvent concernés, les partenaires touchés par cette problématique constateront par ailleurs que le burnout amoureux n'est pas nécessairement voué aux dénouements malheureux. Que, dans plus d'un cas, ce douloureux état de fait amène plus d'un conjoint négligent à poser un regard neuf sur son partenaire et qu'il devient souvent même l'élément déclencheur d'un réinvestissement à l'endroit de l'autre et du projet de vie les concernant.

Enfin, cet ouvrage intéressera également tous ceux et celles qui ont un parent, un ami, un collègue ou une connaissance aux prises avec une panne d'amour ou avec celle de leur partenaire. Les énoncés abordés ici sont susceptibles de s'avérer d'un grand secours pour toute personne qui se trouve dépourvue lorsque confrontée aux confidences d'un proche en crise, d'autant plus lorsqu'il s'agit de celui qui se questionne.

Des années de pratique m'ont amené à saisir toute l'ampleur du désarroi et de la souffrance des hommes et des femmes qui expérimentent l'épuisement amoureux ou qui se retrouvent confrontés au détachement de leur partenaire. L'expertise que j'ai développée m'a aussi permis de mieux comprendre le parcours de milliers de gens qui, bien malgré eux, se sont rendus au point de se demander s'il valait mieux continuer de s'épuiser à relancer la relation ou songer, à plus ou moins brève échéance, à y mettre un terme. C'est leur détresse et leur embarras qui m'ont amené à vouloir jeter un peu de lumière sur ce qui m'apparaît comme un des passages les plus douloureux de la vie à deux.

Bienvenue donc dans le passionnant – mais combien délicat et complexe – univers du burnout amoureux, phénomène tout aussi redouté que répandu, mais non moins apprivoisable et franchissable. Puissent ces quelques pages permettre à ceux et celles qui en souffrent de le surmonter, aux plus affligés de s'en sortir et aux autres qui en ont jusqu'ici été exemptés de s'en prémunir.

CHAPITRE 1

Tout nouveau, tout beau !

« Je n'arrive pas à voir comment nous en sommes arrivés là, Louis. Il me semble que, lorsque nous avons décidé de faire vie commune, l'amour nous était acquis, non ? Nous étions convaincus d'être faits l'un pour l'autre et que rien ni personne ne pourrait nous éloigner. Se peut-il qu'en l'espace de huit petites années nos sentiments aient diminué à ce point ? »

Le petit déjeuner terminé et les enfants retirés dans la salle de jeu pour s'adonner à leur passe-temps préféré, Caroline et Louis se retrouvent seuls autour du premier café de la journée. Leur soirée de la veille, au restaurant, s'est avérée pénible au point où ils se sont sentis obligés de couper court et de rentrer à la maison avant que leur conversation ne dérape complètement. Le chemin du retour s'en est trouvé empreint d'un silence de mort, ni l'un ni l'autre ne souhaitant ajouter quoi que ce soit à ce qui venait d'être dit. Caroline est montée se coucher aussitôt rentrée à la maison. Louis, quant à lui, a préféré s'attarder devant la télé. C'est là que Justine et Thomas l'ont retrouvé le lendemain matin, étendu sur le canapé, lorsqu'ils sont descendus pour regarder leurs émissions du week-end.

« Tout semblait pourtant si facile, si évident, au début, rappelle-toi, Caroline. Qu'est-ce qui a bien pu se produire pour que nous en venions à nous taper sur les nerfs comme c'est le cas présentement ? Avant l'arrivée des enfants, il suffisait d'un regard, d'un tout petit geste pour qu'on s'emballe. La moindre petite heure séparés l'un de l'autre nous paraissait une éternité. Nous nous faisions même un devoir de tout faire ensemble. Se peut-il que le simple fait de devenir parents nous ait éloignés à ce point ? »

AMOUR-PASSION

La période à laquelle Louis fait référence est reconnue des observateurs et des spécialistes de la vie de couple comme celle de l'emballement ou de la passion amoureuse. C'est le moment où, de l'attirance initiale ressentie par les partenaires en devenir, jaillit une étincelle qui se transforme rapidement en un véritable incendie. Ceux et celles qui vivent cette phase de façon particulièrement fulgurante qualifient ce phénomène de coup de foudre. Les mécanismes biologiques qui entrent alors en action les projettent dans des élans à la fois fusionnels et déchirants, les faisant successivement passer des extases les plus enivrantes aux appréhensions les plus vives.

Quoique l'amour-passion soit chose fréquente et universelle, ce ne sont pas nécessairement tous les couples qui se forment de cette manière. Certaines personnes font le choix de se rapprocher d'une autre sans avoir expérimenté cet irrésistible attrait physique. Elles sont plutôt attirées par l'autre parce qu'elles se sentent bien en sa compagnie, qu'elles partagent des intérêts communs avec lui et qu'elles sont en mesure de se confier tout en se sentant comprises.

Il arrive aussi que des couples se forment pour des raisons autres que l'amour ou l'amitié. C'est le cas, entre autres, dans certaines régions du monde, où des jeunes hommes et des jeunes femmes n'ont pas droit de regard quant au choix de celui ou celle avec qui ils seront appelés à s'unir et à fonder une famille. Les mariages sont prédéterminés selon des critères propres aux familles concernées, sans égard aux sentiments que peuvent se porter ceux qui se trouvent, bien malgré eux, promis l'un à l'autre.

Ce phénomène est observable chez certaines des communautés implantées dans nos sociétés où prime la liberté de choix et d'expression. On voit encore des parents orienter les fréquentations de leurs jeunes et faire le choix à leur place de celui ou celle à qui ils seront offerts en mariage. Ce qui est à l'opposé de la conception de l'amour tel que nous le connaissons en Occident.

L'euphorie que connaissent les amoureux qui se trouvent happés par le feu de la passion est telle que l'autre apparaît conforme en tous points à l'idéal recherché, à celui ou celle qui sera en mesure de répondre aux attentes les plus élevées et aux besoins les plus grands. C'est cet aveuglement, candide mais non moins volontaire, qui a amené Louis à penser, dès le moment où il s'en est approché, que Caroline était parfaite.

AVEUGLEMENT BIAISÉ

Ce qu'a vécu ce jeune trentenaire n'a rien d'exceptionnel, et encore moins d'inquiétant. En effet, lorsqu'une relation naissante se trouve emportée par la passion, la capacité du partenaire envoûté d'apprécier l'objet de son désir avec un minimum de recul et d'objectivité se trouve passablement amenuisée. L'état de béatitude dans lequel il se trouve lui paraît si enivrant qu'il est prêt à tout afin d'en cultiver et d'en prolonger les effets. C'est ce que l'on appelle l'idéalisation. Désireux de voir se perpétuer les moments de grâce dont il se voit comblé, l'amoureux - ou l'amoureuse - ainsi subjugué braque son attention sur les attributs de l'autre tout en magnifiant les attitudes et les comportements qui lui sont particulièrement agréables.

Son engouement est tel qu'il se permet même d'amenuiser ce qui pourrait porter ombrage à son bonheur. Ainsi, lorsque confronté à certains agissements ou traits de caractère de l'être cher susceptibles de l'agacer, l'amoureux conquis se découvre une étonnante capacité à excuser ou à relativiser ce qu'il détestait pourtant chez toute autre personne. Louis ne se cache pas d'avoir été un de ceux-là. Il s'agit même du premier souvenir qui lui vient à la mémoire au moment où il s'apprête à aller faire les courses.

Je m'en souviens comme si c'était hier. Lorsque j'allais rejoindre Caro à son appartement et que je constatais le désordre qui y régnait, je me disais qu'elle était sûrement trop absorbée par ses études et par son travail pour prendre le temps de faire un peu de ménage et de rangement. Jamais il ne me serait venu à l'idée que son environnement était à l'image de sa nature bohème et artistique.

Et gare à ceux ou celles qui auraient tenté de me ramener à la réalité. Je ne les aurais tout simplement pas crus. Des bavasseurs de la pire espèce, aurais-je pensé, de misérables envieux de mon bonheur.

La vie de couple étant faite d'interactions continues, le partenaire ensorcelé n'est pas le seul responsable de la cécité amoureuse dont il se voit atteint lors de cette phase dite d'idéalisation. Le vis-à-vis idéalisé y est aussi souvent pour quelque chose. Conforté dans son estime personnelle à l'idée de susciter chez l'autre un tel désir et une telle passion, celui-ci comprend rapidement qu'il n'est pas dans son intérêt de faire quoi que ce soit qui pourrait altérer les illusions de celui ou celle qui le porte aux nues. Ce qui l'amène tout naturellement à se comporter de manière à ne laisser voir que les aspects de sa personnalité qui sont à son avantage. Tel un caméléon, il se découvre une capacité nouvelle ou accrue à se transformer, au gré des circonstances et des lieux, en ce que l'autre voudrait qu'il soit.

Un tel simulacre, comparable à la parade des paons, montre à quel point le désir d'aimer et d'être aimé est profondément inscrit au cœur de chacun. Homme ou femme, l'un comme l'autre n'hésitent alors pas à faire appel à toutes les ressources dont ils disposent pour que grandisse et perdure la flamme qui les transporte au sommet du bonheur. À cette période où l'horizon se trouve dégagé de tout nuage, toutes les concessions et tous les compromis semblent possibles afin de tendre vers l'image d'idéal qu'ils projettent. Ce que ne s'est pas privée de faire Caroline lorsqu'elle s'est rendu compte de l'heureux effet qu'elle exerçait sur le cœur de son jeune ingénieur.

Je me rappelle qu'à cette époque Louis disait préférer les femmes enrobées aux mannequins squelettiques que nous servent abondamment les magazines de mode.

Or, comme bien d'autres femmes de ma génération, je n'étais pas tout à fait à l'aise avec mon corps. J'avais donc pris l'habitude de porter des vêtements qui camouflaient les petits excédents qui m'agaçaient. Mais, pour lui faire plaisir, je me suis acheté des ensembles qui mettaient en relief mes formes généreuses. Une chose que je n'aurais jamais osé faire auparavant. Ce qui montre à quel point j'étais prête à tout pour lui plaire.

L'AUTRE AVANT TOUT

L'attention, pour ne pas dire l'obsession, de tout instant que se portent les amoureux en proie à l'emballement des débuts peut devenir si forte qu'elle en vient à occuper tout l'espace cérébral disponible. D'aucuns disent même passer l'essentiel de leur temps à penser à l'autre et le retrouver dans bon nombre de leurs rêves. Certains s'y complaisent même au point de se remémorer chacune de ses paroles et de passer en revue dans leur tête les moindres de ses gestes dans l'espoir d'y reconnaître des signes leur confirmant la réciprocité de leurs sentiments. D'autres vont enfin jusqu'à se projeter dans les rencontres à venir et à former des projets de toutes sortes. Caroline reconnaît avoir été une de celles-là.

Au début de ma relation avec Louis, mes pensées étaient littéralement submergées par toutes sortes d'images de lui ou, mieux encore, de nous deux. J'éprouvais de la difficulté à me concentrer au point d'en perdre des choses, ce qui était loin d'être dans mes habitudes. J'ai même raté trois fois ma sortie de métro au cours d'une même semaine. Sans compter que, lorsqu'on me parlait, j'étais souvent distraite et j'avais du mal à prêter attention à ce qu'on me racontait. Que ce soit dans mon entourage professionnel ou amical, il était devenu mon seul sujet de conversation ; ce qui n'a pas été sans en agacer plus d'un.

Il arrive même que certains de ceux qui se trouvent en proie à la passion amoureuse voient certains de leurs comportements les plus usuels et les plus familiers changer de façon significative. Louis, un sportif invétéré pour qui la bande d'amis avait toujours occupé une place de choix dans ses priorités, n'y a pas échappé.

Avant l'arrivée de Caroline dans ma vie, je m'étais toujours montré passablement indépendant en amour. En fait, de façon bien égoïste, je l'avoue aujourd'hui, je ne voulais pas qu'une relation amoureuse vienne bousculer mes petites habitudes de vie. Mes amis, mon sport et mes loisirs passaient avant tout. Ce que n'ont pas manqué de me reprocher les quelques femmes avec qui j'ai entretenu des relations plus soutenues. Lorsque ça devenait trop compliqué, je m'esquivais en alléguant que nous étions incompatibles, que je n'étais pas prêt pour une relation sérieuse et que, en bout de piste, elles méritaient mieux que ce que j'étais en mesure de leur offrir.

Mais, à compter du moment où Caro a pris une place dans ma vie, tout a changé : je me suis mis à me désintéresser de plusieurs choses qui m'importaient, à faire moins de sport, à reporter des sorties et même à refuser d'accompagner mes amis dans leurs virées des bars du centre-ville. Ce que je me suis fait reprocher à plus d'une reprise. Tout cela pour que nous passions le plus de temps possible ensemble. Je n'en avais cependant aucun mérite puisque c'est avec elle que je me sentais le mieux, que j'éprouvais le plus de plaisir ; tout le reste m'apparaissait secondaire.

Les sentiments que connaissent les amoureux animés de la passion des débuts sont à ce point puissants et intégrateurs de toutes leurs ressources émotionnelles et affectives qu'il leur devient pratiquement impossible d'éprouver la pareille pour qui que ce soit d'autre au cours de la même période. Tout comme les animaux en période d'accouplement, les amoureux nouvellement *tombés en amour* connaissent une telle euphorie qu'ils en viennent à spontanément rechercher l'exclusivité dans leur relation à cet autre qui les anime et qui les comble. Ce qui laisse parfois place à des sentiments moins honorables.

J'avoue qu'à nos tout débuts j'étais jaloux. Un sentiment, j'en conviens aujourd'hui, que j'ai mis du temps à reconnaître. C'est qu'à l'époque je nourrissais un profond mépris à l'endroit des jaloux, de pauvres gens à mes yeux, dont je n'arrivais pas à m'expliquer le comportement. Mais voilà que, à compter du moment où je suis devenu amoureux de Caroline, je me suis mis à m'inquiéter chaque fois qu'un gars s'adressait à elle d'une manière un peu plus personnelle. L'idée de la perdre m'était à ce point devenue insupportable que c'était absolument invivable.

D'autre part, comme on peut le deviner facilement, un engouement comme celui que Caroline et Louis ont vécu dans la première phase de leur relation ne s'est pas exprimé que par le biais d'échanges superficiels portant sur la migration des espèces ou les chances de l'équipe locale de remporter la coupe. Bien au contraire. La passion ne se conjuguant pas qu'au singulier et qu'à la première personne, Caroline et Louis ont connu des fréquentations marquées par des échanges intimes pour le moins multiples et torrides. Au point où Caroline s'est même découvert des désirs qu'elle ne se connaissait pas.

Avant de rencontrer Louis, je n'étais pas particulièrement portée sur la chose. *J'avoue même avoir simulé le plaisir à plus d'une reprise pour ne pas décevoir ceux avec qui je m'étais permis une certaine intimité. Pour éviter les disputes ou les remises en question trop douloureuses, je m'appliquais de mon mieux en faisant en sorte de ne pas laisser paraître mon malaise et mon manque d'enthousiasme.*

Mais, avec Louis, je ne me reconnaissais plus. On pouvait faire l'amour deux fois de suite et j'en avais encore envie. C'est comme si mon désir pour cet homme était inépuisable. Mon corps en redemandait encore et encore. Avec lui, tous mes complexes se sont envolés. À travers son regard, je me sentais belle et je n'éprouvais aucune gêne à lui montrer mon corps et à me laisser aller.

La perception de l'un et de l'autre étant complètement déphasée par l'ardeur qui les anime, les amoureux passionnés, alors qu'ils se trouvent à cette phase initiale de la relation, trouveront avantage à ne pas prendre de décisions impliquant une quelconque forme d'engagement quant à leur avenir commun. Cette mise en garde est d'autant plus pertinente s'il en est un des deux qui se trouve encore engagé au sein d'une relation de couple impliquant des enfants. Même si une nouvelle flamme vient tout remettre en question, il importe que ceux et celles qui se retrouvent ainsi entre deux chaises se donnent un minimum de temps avant de tout chambouler. Sinon, ils risquent de déchanter rapidement une fois qu'ils seront retombés sur terre et que l'autre se sera laissé découvrir sous un autre jour.

Mais si Caroline et Louis ont vécu à fond cette période d'emballement et d'aveuglement amoureux, ce n'est pas uniquement parce qu'elle le trouvait beau et qu'il voyait en elle la partenaire faite sur mesure pour lui. C'est aussi, et surtout, parce qu'ils ont tous deux été l'objet d'une somme d'influences et d'interactions liées tout autant à leur héritage génétique qu'à leur expérience de vie. Ce qui en fait à la fois les acteurs et les sujets des sentiments qu'ils se portent.

COMPLÉMENTARITÉ RECHERCHÉE

De nos jours, avec la prolifération des moyens de communication, il est plus facile que jamais, pour ceux et celles qui sont à la recherche de l'amoureux ou du partenaire idéal, d'avoir accès à une palette de candidats potentiels dont les profils s'étendent des plus semblables aux plus divergents. Pourtant, selon ce que démontrent les recherches de la psychologue américaine Joan Atwood, la majorité des personnes qui finissent par trouver un partenaire à leur convenance choisissent des gens qui leur ressemblent à plus d'un égard, que ce soit sur le plan de l'âge, du profil social, de l'intelligence, de l'instruction, de la religion, de la personnalité ou des valeurs qui inspirent leur vie.

Jean-Claude Kaufmann, un sociologue français, va pour sa part un peu plus loin en affirmant que, plus les partenaires ont des antécédents similaires – surtout sur les plans du statut socio-économique et des valeurs personnelles et sociales –, plus ils ont de chances de voir leur union réussir et être tenue à distance de la séparation et du divorce. Ce qui s'explique de différentes façons.

Sur le plan individuel, d'abord. On remarque en effet qu'il est beaucoup plus facile pour quelqu'un en quête d'une relation de se laisser atteindre et émouvoir par une personne qui lui ressemble que par quelqu'un qui lui est étranger en tous points. Il en est de même pour les partenaires qui partagent la même vision des choses et qui ont des habitudes de vie semblables. Leurs similitudes de cœur et d'esprit leur évitant plusieurs affrontements et jeux de pouvoir destinés à changer l'autre, il leur semble plus facile de former des unions moins vulnérables aux conflits de toutes sortes.

La perspective s'avère toutefois passablement moins dégagée lorsque des unions se forment entre partenaires aux profils socioculturels singulièrement différents. En plus de se voir dans l'obligation de procéder à un plus grand nombre d'ajustements de toutes sortes, ceux-ci doivent aussi souvent composer avec les préjugés et les résistances d'amis et de proches. L'inconnu suscitant naturellement la méfiance, il n'est en effet pas rare que l'entourage immédiat de l'un ou l'autre partenaire se montre circonspect à l'idée qu'un étranger ou une étrangère s'immisce dans un univers déjà structuré et prévisible. Caroline et Louis en savent quelque chose.

Difficile d'oublier les appréhensions de ma mère, une femme qui nourrissait de grandes ambitions à mon endroit. C'est pourquoi j'ai mis plus de deux mois avant de présenter Caroline à mes parents. Je me doutais qu'elle résisterait à l'idée de voir entrer dans la famille une femme issue d'un milieu essentiellement formé de cols bleus. Ce qui a été le cas pendant un moment.

Mais heureusement, grâce à la patience et à l'humour dont Caro a fait montre, mes parents ont fini par succomber à son charme et par l'accueillir comme une des leurs. Il aura cependant fallu y mettre le temps.

Si le fait de partager des valeurs similaires constitue un atout particulièrement favorable à la réussite d'une union en devenir, il est cependant illusoire de croire que la réciprocité parfaite des partenaires s'avère une forme de garantie. En faisant ainsi figure de miroir, l'autre finit par refléter les aspects de notre personnalité qui nous plaisent moins. Ainsi, deux personnes casanières risquent de s'enliser dans leur inertie et deux économes, de tendre vers la radinerie.

Le choix d'un partenaire semblable permet certes à quelqu'un de se conforter dans l'idée qu'il se fait de lui-même, ce qui peut sembler, de prime abord, particulièrement rassurant. Une telle façon de faire peut cependant comporter des effets pernicieux. C'est le cas, entre autres, des conjoints en devenir qui recherchent, de manière consciente ou non, quelqu'un connaissant des difficultés comparables aux leurs ou plus grandes. Certains auteurs croient qu'une telle approche risque d'amener celui ou celle qui oriente sa recherche en ce sens à projeter sur l'autre ce qu'il n'aime pas et, finalement, à en venir à le critiquer plutôt que de se remettre en question et de s'améliorer. Deux conjoints aux personnalités trop semblables risquent ainsi d'éprouver des difficultés à se supporter, la détresse ou la vulnérabilité de l'un provoquant ou exacerbant celle de l'autre. C'est pourquoi l'équilibre, dans un cas comme dans l'autre, demeure l'approche à privilégier.

Toutefois, comme c'est le cas pour Caroline et Louis, la différence de profils peut rendre l'autre plus intéressant, plus susceptible d'engendrer la complémentarité recherchée et d'amener chacun à faire des compromis. Le conjoint dépensier se voit ainsi offrir la chance d'apprendre de son partenaire économe, tout comme l'enthousiaste ou l'enflammé est susceptible de tempérer ses ardeurs au contact d'un partenaire plus zen et décontracté. En recherchant la proximité de quelqu'un représentant ce qu'ils souhaiteraient être, les éventuels partenaires sont en fait en quête, sans toujours être en mesure de nommer le tout aussi clairement, de la complémentarité leur permettant de mieux faire équipe lorsqu'ils auront à faire face à l'adversité.

Mais ces considérations, de l'ordre de la compatibilité, sont loin d'être les seules à influencer le choix d'un éventuel partenaire.

INFLUENCE ÉVIDENTE

De l'avis du sexologue John Money, dès notre plus jeune âge, c'est-à-dire à partir de trois ans, certains attributs comme le sourire, la couleur des yeux ou la forme de la bouche de personnes qui ont pris soin de nous s'imprimeraient systématiquement au cœur même de notre mémoire affective. Sans que la plupart de nous en soient conscients, c'est de cette façon que commencerait, pour une majorité d'hommes et de femmes, à se former l'image du partenaire idéal. En plus des traits de ces gens que nous estimons importants ou qui ont fait preuve de bienveillance à notre endroit, leur approche et leur comportement - qu'il s'agisse, par exemple, de la patience d'une mère affectueuse, de l'espièglerie d'un père bon enfant ou encore de la délicatesse d'une gardienne attentionnée - laisseraient également une trace indélébile dans notre cerveau.

De même, le type de relations qu'entretiennent les parents, les proches et les tuteurs jouerait également un rôle de toute première importance dans le développement de l'univers affectif de l'enfant, qu'il s'agisse de la manière dont ils gèrent leurs conflits ou dont ils font montre de l'affection qu'ils portent aux autres. Caroline est tout à fait consciente d'avoir été marquée à jamais par un geste que son père a eu à l'endroit de sa mère alors qu'elle était encore une enfant. Ce n'est d'ailleurs pas sans émotion qu'elle se le rappelle en cette période de sa vie où les manifestations de ce genre se font plutôt rares.

Je devais avoir environ quatre ans quand ma tante Hélène est décédée. Lorsque oncle Henri a téléphoné pour nous annoncer que le cancer avait eu raison d'elle, maman, qui considérait sa sœur aînée comme une seconde mère, n'a pu faire autrement que de s'effondrer en larmes.

J'ai alors vu papa s'approcher tout doucement d'elle et déposer un long baiser sur chacune de ses paupières. Ce geste de tendresse m'a marquée. C'est devenu pour moi une référence en la matière.

Afin de nommer cette représentation mentale qui se forme à partir des premières expériences affectives de l'enfant, Money utilise le terme «carte amoureuse». Ainsi, au fur et à mesure du développement du nourrisson et du bambin, cette carte s'enrichit et s'affine pour se fixer définitivement au moment de l'adolescence. À cette période charnière de son parcours, le jeune en âge de connaître ses premiers émois amoureux a ainsi cumulé une multitude d'informations lui permettant d'esquisser, de façon tout aussi inconsciente que précise, le profil du jeune homme ou de la jeune fille qui sera en mesure de le séduire et de lui inspirer l'amour.

La correspondance entre le profil d'un quidam et la carte amoureuse de celui ou celle qui s'en éprend expliquerait, du moins en partie, le phénomène du coup de foudre. Peu importe si cette personne répond ou non aux critères de séduction et de beauté établis, l'enjeu se situe essentiellement dans la capacité que possède cet inconnu de recréer chez son prétendant une bonne part des sensations agréables déjà empreintes dans son cerveau. Ce processus physiologique s'amorcerait automatiquement, sans que rien ni personne puisse en modifier le cours et les effets, laissant du coup l'un comme l'autre tout aussi dépourvus qu'euphoriques.

Si le fait de vouloir se rapprocher de gens susceptibles de recréer en nous des sensations de bien-être liées à notre enfance apparaît comme un phénomène des plus naturels, l'auteur de livres à succès Harville Hendrix croit qu'il existe également une tendance, chez certains autres, à rechercher l'amour auprès d'individus leur rappelant les rapports difficiles qu'ils ont eus avec des gens signifiants de leur entourage au moment où se formait leur carte amoureuse. Louis est de ceux qui ont connu ce genre de situation.

Ma mère, une femme plutôt dépressive, se plaignait souvent de ne pas pouvoir compter sur l'appui émotionnel et affectif de mon père, un bourreau de travail. Ce qui l'amenait tout spontanément à se tourner vers moi, l'aîné de la famille. Une transgression des rôles qui, en ce qui me concerne, est rapidement devenue lourde à porter.

Ainsi, dès le moment où j'ai été en mesure de « comprendre », comme elle le disait si bien, maman s'est mise à me faire part en détail des insatisfactions qu'elle vivait avec mon père. Entendre des propos aussi disgracieux au sujet d'un homme que je respectais et que j'aimais profondément me rendait particulièrement mal à l'aise. Ce qu'elle peinait visiblement à saisir puisque, lorsque je prenais mon courage à deux mains pour lui signaler mon malaise, elle se mettait à pleurer en m'accusant de ne pas la comprendre, de lui être déloyal et de me ranger du côté de celui qui la négligeait.

Ce faisant, le modèle de femme qui s'est imposé à Louis au moment où s'esquissait sa carte amoureuse correspond à celui d'une personne aigrie et envahissante. Qui plus est, en devenant en quelque sorte le parent de sa mère, Louis a fait sienne l'idée que c'est à lui qu'incombait la responsabilité de compenser le mal-être de sa génitrice. Ce qui l'a amené, dans le cadre de ses premières relations amoureuses, à jouer les sauveurs de service. Un rôle factice qui n'a fait qu'accentuer les problèmes relationnels et multiplier les ruptures.

Si Louis s'est longtemps vu attiré par des femmes lui rappelant les rapports tordus qu'il a eus avec sa mère, c'est qu'il nourrissait secrètement et inconsciemment le souhait de reproduire le scénario ayant engendré ces tensions dans l'espoir d'en modifier l'issue de façon plus convenable. Une manière de réparer une partie de son passé pour éviter qu'il compromette son bonheur à venir.

Bien qu'elle soit déterminante dans la formation du profil amoureux d'un individu, l'influence des parents n'est cependant pas la seule à produire ses effets. La physiologie joue également un rôle particulièrement important dans le phénomène de l'attirance et du choix d'un éventuel partenaire.

AVANTAGES MARQUÉS

Tout comme c'est le cas pour les représentants du monde animal, l'être humain est naturellement attiré par des individus au corps symétrique. Les recherches sur les phénomènes de l'attirance et de la séduction – que Pierre Langis s'est affairé à recenser et dont nous faisons ici une brève synthèse – nous apprennent en effet que le cerveau humain est programmé de façon à réagir favorablement aux visages bien proportionnés, ce qui expliquerait pourquoi les nouveau-nés sont portés à les fixer plus longuement que ceux qui présentent un déséquilibre perceptible. Des études démontrent également que, lorsque les hommes posent le regard sur des illustrations de visages féminins particulièrement séduisants, symétriques de surcroît, leur cerveau produit davantage de dopamine, cette hormone qui prédispose à la passion amoureuse et qui conditionne un ensemble de comportements visant à intéresser la personne désirée : énergie accrue, focalisation sur l'autre, motivation à s'en approcher, etc.

Ce penchant pour la symétrie n'est pas simplement la résultante d'une admiration béate pour la beauté du corps humain. Il relève également de cette capacité accrue qu'ont les individus particulièrement avantagés par la nature d'assurer une descendance en meilleure santé. Les études disponibles révèlent en effet que les êtres sexués dont les deux côtés du corps sont pratiquement identiques et bien proportionnés combattent mieux les bactéries et les virus.

Bien que ces phénomènes s'articulent la plupart du temps à notre insu, ils n'en demeurent pas moins observables, de tout temps et de diverses façons, tant chez l'espèce humaine qu'à travers le règne animal. C'est entre autres le cas de la femme qui oriente intuitivement sa recherche vers un partenaire dont le capital génétique est en mesure d'assurer aux enfants qu'elle désire mettre au monde les meilleures chances d'adaptation aux aléas de la vie. C'est cet instinct de survie qui l'amène à rechercher un homme de grande taille, aux traits symétriques, à la mâchoire carrée et aux larges épaules.

D'autre part, même si elle s'exprime de façon différente, la préoccupation que nourrissent les hommes à l'égard de la qualité de leur descendance n'est pas absente du processus pour autant. Ainsi, s'ils ont un faible pour les femmes jeunes et belles, ce n'est pas seulement parce qu'elles correspondent aux modèles qui se sont imposés à eux au moment où ils découvraient l'univers féminin. C'est aussi parce qu'elles sont plus susceptibles de mettre au monde des enfants en bonne santé et, surtout, d'avoir l'énergie nécessaire pour bien s'en occuper.

Quoiqu'on reconnaisse qu'il ne s'agit pas là du seul facteur à considérer, et qu'une telle affirmation risque d'en faire réagir plus d'un, l'apparence physique n'en constitue pas moins un facteur de toute première importance lorsque vient le temps d'établir des rapports avec un éventuel partenaire de vie. Ainsi, non seulement une physionomie agréable augmente les chances d'une femme d'être convoitée et sélectionnée, mais elle lui permet également d'être elle-même plus sélective au regard de l'éventuel père de ses enfants. Il est en effet démontré que, plus une femme est belle, plus elle peut se permettre d'être exigeante quant à la situation économique et sociale de celui vers qui elle se tourne. Des attributs particulièrement enviables lui permettent donc d'optimiser ses chances de séduire un géniteur de qualité pour assurer sa survie de même que celle de sa progéniture.

Quant aux hommes, ils se voient doublement avantagés si, en plus d'être d'apparence agréable, ils sont en mesure de faire montre d'une certaine opulence. Il est en effet reconnu que, plus un homme est riche, plus ses exigences en matière de beauté sont élevées. Ce que certaines femmes, dont plusieurs féministes, déploreront en disant qu'un tel énoncé ne fait que confirmer le dicton voulant qu'« on ne prête qu'aux riches ». Pourtant, il ne s'agit là que de quelques-unes des nombreuses façons dont s'articule le phénomène de la sélection naturelle.

La symétrie esthétique ne comporte cependant pas que des avantages. Les personnes qui correspondent aux critères de beauté les plus élevés sont en effet souvent perçues comme futiles, égocentriques et prétentieuses. On les croit aussi plus susceptibles d'être infidèles, moins enclines à s'engager et plus promptes à rompre les relations. En ce qui concerne les hommes aux profils symétriques, les études semblent confirmer la croyance populaire, à savoir qu'ils perdent leur virginité plus tôt, qu'ils ont davantage de relations extraconjugales et qu'ils comptent plus de partenaires sexuelles au cours de leur vie active. La beauté n'est donc pas une garantie de bonheur conjugal.

FACTEURS MULTIPLES

Même s'il s'agit là d'un ensemble de facteurs dont la portée est indéniable, leur influence peut cependant varier considérablement selon la personnalité et les valeurs défendues par les partenaires impliqués. Ainsi, même si les femmes ont une préférence marquée pour le statut socio-économique et le bagage génétique des hommes symétriques, il ne s'agit pas du seul critère qui vaille lorsque se présente à elles la possibilité de s'engager dans une relation plus stable. D'autres facteurs, d'ordre plus caractériel, peuvent non seulement influencer, mais également déterminer leur choix. Ce qui fut le cas de Caroline lorsqu'elle s'est rendu compte à quel point Louis prenait de la place dans sa vie.

> *Nous n'en étions qu'à notre deuxième rencontre et je le voyais déjà comme mon conjoint et comme l'éventuel père de mes enfants. Sa générosité et son sens élevé des responsabilités faisaient de lui un candidat de premier plan. Ce qui ne faisait qu'ajouter au fait que je le trouvais particulièrement séduisant.*
>
> *J'ai cependant attendu d'être sûre de mes sentiments envers lui, et des siens à mon endroit, avant de permettre une plus grande intimité physique entre nous. J'estimais qu'il m'intéressait suffisamment pour qu'il vaille la peine que nous nous donnions un peu de temps pour construire sur du solide. Ce qui n'a pas été sans soulever chez lui quelques frustrations qui, je l'avoue aujourd'hui, étaient tout à fait partagées. Je voulais toutefois être sûre de bien le connaître avant de m'engager plus à fond.*

Comme on peut le constater à la lumière de ce qu'a vécu Caroline, il n'y a pas que le statut social et la beauté qui servent de critères de choix aux femmes désireuses de s'engager totalement dans une relation amoureuse. L'intelligence, l'ambition, la débrouillardise et la générosité sont aussi des atouts recherchés chez celui avec qui elles se voient fonder une famille. Et, contrairement aux hommes qui voient d'abord les femmes comme des conquêtes à réaliser, celles-ci considèrent également leurs vis-à-vis masculins comme des voies d'accès privilégiées à une plus grande sécurité. Bien qu'il s'agisse là d'un élément exerçant une influence de plus en plus relative, il n'en demeure pas moins encore bien présent dans la mise en place de plusieurs dynamiques de couple.

À l'aube du troisième millénaire, on pourrait être porté à douter de la pertinence des facteurs liés à la survie de l'espèce, dans un contexte où les ressources financières des femmes sont parfois équivalentes sinon supérieures à celles des hommes. Les études disponibles continuent pourtant de démontrer que les femmes accordent encore de l'importance au statut social de l'homme. À croire qu'il est des comportements liés à la survie de l'espèce qui demeurent difficiles à renverser.

Bien que l'héritage génétique et le bagage de vie relèvent essentiellement de la nature propre à chaque individu, il ne faut toutefois pas minimiser l'influence grandissante des médias de tout acabit sur les choix amoureux qui se font chaque jour de part et d'autre. Il est en effet difficile de penser que les offensives publicitaires de toutes sortes qui s'évertuent à promouvoir une idée de l'amour et du partenaire idéal n'influencent pas le regard que se portent entre eux les hommes et les femmes en quête de l'âme sœur. Sans compter les innombrables sondages ou questionnaires prétendant dresser l'échelle des normes prévalentes ou encore les comportements, inspirants ou surfaits, de certains acteurs influents de la société bien-pensante ou de la scène artistique.

Un amalgame d'influences qui peut aussi bien en desservir certains qu'en aider d'autres. Ainsi en est-il de quelques-unes des contingences qui amènent des amoureux à vouloir s'unir, à désirer inscrire leur union dans le temps et... à s'épuiser !

MUTATION INÉVITABLE

Si, une fois confrontées à l'épreuve du temps, les relations de couple sont appelées à se fragiliser, il est plutôt rare, pour ne pas dire exceptionnel, qu'elles se trouvent menacées à ce tout premier stade du cheminement amoureux qu'est celui de l'emballement. Tout obnubilés qu'ils sont l'un par l'autre, les amoureux de la première heure se montrent disposés à s'investir totalement afin d'assurer aux sentiments qu'ils se portent la préséance et l'exclusivité qu'ils requièrent. L'éventualité d'une quelconque lassitude dans l'expression des sentiments qu'ils éprouvent mutuellement ne fait même pas partie des perspectives qu'ils entrevoient. L'amour rime alors avec toujours.

Il arrive cependant – et il s'agit pratiquement là d'une fatalité – que les exigences de la vie et le tourbillon du quotidien les rattrapent. C'est le cas de Caroline et Louis qui, comme ils le disent eux-mêmes, avaient pourtant tout pour réussir leur projet de vie commune : la jeunesse, la beauté, le charme, la complémentarité, une échelle de valeurs commune et, surtout, une volonté affichée de faire de leur projet d'amour une réussite sur tous les plans.

Mais, à constater l'indifférence insidieuse qui s'est installée entre l'un et l'autre, il semble que cette période marquée par l'extase et l'emballement soit bien loin derrière. Ont-ils raison de s'en inquiéter ? Doivent-ils espérer qu'elle revienne ? Est-il encore en leur pouvoir de renverser le cours des choses ? Se peut-il qu'ils se soient leurrés quant au choix, de partenaire et de vie, qu'ils ont fait ?

Avant de tirer des conclusions trop hâtives, Caroline et Louis auront tout avantage à poser un regard attentif sur la deuxième étape de la vie de couple que les observateurs et les spécialistes reconnaissent comme celle de la différenciation. Il s'agit de cette période où les conjoints, après avoir recherché et expérimenté la fusion la plus totale, reviennent à un état où leur nature propre reprend ses droits. Bien qu'elle exige un certain nombre de réajustements et de mises en perspective, aussi nécessaires qu'inévitables, cette étape conduit rarement les couples concernés sur le glissant terrain de la lassitude amoureuse. Elle n'en constitue pas moins une phase importante permettant de mieux comprendre de quelle façon certains conjoints en viennent, un peu plus tard dans la progression de leur cheminement commun, à expérimenter un effondrement total de leur ressort amoureux.

« Je n'irai pas jusqu'à dire que je suis prête à tout laisser tomber, mais des fois je me demande si ça vaut encore la peine de continuer… »

Comme tout couple qui se respecte, Caroline et Louis ont connu cet éprouvant retour sur terre.

CHAPITRE 2
Appel au réalisme

« Louis, c'est quoi cette sorte de biscuits ? Ce n'est pas du tout ce que j'avais indiqué sur la liste d'épicerie. Et ces *chips* ? T'as vu le format ? De quoi nourrir l'équipe de Thomas au complet !

— Ben quoi ? Tu ne t'attendais tout de même pas à ce que je revienne avec des biscuits au son d'avoine ; de la bouffe de grand-mère que ces galettes-là ! Un peu de guimauve et de chocolat, à ce que je sache, ça n'a jamais tué personne. Et pour ce qui est des *chips*, il n'y en aura sûrement pas trop puisqu'il y a trois matchs à la télé cette semaine.

— C'est bien les gars, ça. Pourquoi se priver, hein ? Empiffrons-nous de malbouffe et mourons d'un infarctus à cinquante ans. Belle leçon de nutrition pour nos enfants !

— Si je t'écoutais, Caroline, on ne boufferait que du tofu et des pousses de luzerne. Penses-tu vraiment que l'on puisse refaire nos énergies avec ça ? Y'a que dans tes magazines de bonnes femmes qu'on trouve de l'intérêt à ce genre de potion !

— Ah, puis… laisse tomber ! La prochaine fois, j'irai moi-même faire l'épicerie. De cette façon, on évitera l'empoisonnement collectif.

— En tout cas…, tu étais pas mal moins *grano* que ça lorsqu'on s'est connu. Je me rappelle, au tout début, lorsqu'on demeurait à la maison pour regarder un film, tu ne donnais pas ta place quand venait le temps d'attaquer le sac de croustilles. Tu avais même tes saveurs préférées…

— Mais moi, au moins, j'ai fini par comprendre les risques que ça comporte… »

ATTERRISSAGE FORCÉ

Tout juste rentré de faire les courses, Louis constate qu'elle est définitivement révolue, l'époque où ce qui était bon pour l'un l'était automatiquement pour l'autre. Depuis qu'elle s'est remise à surveiller son indice de masse corporelle, Caroline cherche de toutes les façons à éliminer du menu quotidien les aliments de fabrication industrielle, de même que les friandises à haute teneur calorique. S'il ne tenait qu'à elle, il y a longtemps que le panier d'épicerie ne serait composé que d'aliments provenant de cultures biologiques. Ce qui est loin d'emporter l'adhésion de Louis, pour qui l'équilibre nutritionnel ne fait vraiment pas partie de ses préoccupations quotidiennes.

La différenciation qui s'est lentement opérée sur le plan des préférences alimentaires de Caroline et de Louis n'est pas étrangère à l'évolution qu'ont connue leurs rapports amoureux avec le temps. Alors que, lors des premiers mois de leur idylle, l'un comme l'autre n'hésitaient pas à y aller à tout propos d'un « Tout pour te plaire, mon amour », leurs échanges en sont venus à afficher une symbiose plus lâche. Du genre : « Toi, c'est toi, et moi, c'est moi. Nous ne sommes tout de même pas des clones ! »

Ce passage à une approche plus réaliste, qui survient plus ou moins tardivement selon le cheminement emprunté par chaque couple, est non seulement inévitable, mais il est également nécessaire. Le corps humain, aussi bien constitué soit-il, n'est en effet pas en mesure de soutenir de façon permanente l'état d'effervescence qui caractérise l'emballement des débuts. À plus ou moins brève échéance, un rééquilibre s'impose. Pour une question d'ordre physiologique d'abord, l'organisme ne pouvant supporter indéfiniment la forte concentration de composantes chimiques responsables de l'euphorie initiale. Et pour des raisons d'ordre relationnel également, la famille, les amis, l'employeur ou les clients n'ayant pas à subir plus longtemps les conséquences de l'absence ou de la négligence de celui ou celle qui n'en a que pour sa nouvelle flamme.

AJUSTEMENT REQUIS

La passion amoureuse étant gouvernée par un ensemble de mécanismes divers, dont la plupart échappent au contrôle des partenaires impliqués, il n'y a pas à s'étonner que, une fois émergés de la phase initiale d'envoûtement, l'un et l'autre veuillent revenir à des comportements plus usuels et routiniers. Après avoir cherché à correspondre en tous points à l'idéal que l'autre croyait avoir perçu en eux, il est tout à fait normal que les amoureux de la première heure sentent le besoin de se réconcilier avec leur vraie nature. Las de projeter une image déformée de ce qu'ils sont, ou correspondant à ce que l'autre voudrait qu'ils soient, ils cherchent, de façon plus ou moins consciente, à se réapproprier leur singularité. Lorsque l'emballement amoureux s'affaiblit, tenter de ressembler à l'autre devient un effort, tandis qu'auparavant c'était un plaisir.

Loin de constituer un phénomène déplorable ou inquiétant, c'est ce retour au *naturel* qui permet à chacun de voir l'autre tel qu'il est. Bien que normale, et même souhaitable, il s'agit tout de même d'une transformation qui ne manque pas de provoquer son lot de remous chez les partenaires concernés. Caroline fait partie de celles qui s'en sont trouvées particulièrement déstabilisées.

> *Je l'avoue bien sincèrement, ce fut un choc de découvrir que Louis était à ce point différent de moi. Au début, j'étais persuadée que nous avions les mêmes goûts et les mêmes envies, qu'il s'agisse des façons d'interagir entre nous ou de nous comporter en société. Mais je me suis vite rendu compte que ce n'était pas le cas, que nos approches et nos manières de faire divergeaient sur beaucoup plus de points que je ne l'avais imaginé.*
>
> *Ces dissemblances étaient amusantes et parfois même profitables à certains égards. J'y voyais là une forme de complémentarité. Mais il y en avait d'autres, et il ne s'agissait pas des moindres, qui m'agaçaient*

au point même parfois de m'exaspérer. C'est ce qui m'a fait prendre conscience que nous étions parvenus à une autre étape de notre cheminement de couple et que des ajustements s'imposaient.

Cette étape de différenciation n'est toutefois pas vécue de la même façon par tous les partenaires. Alors que certains se montrent agacés par la découverte de la face cachée de leur conjoint, d'autres s'estiment privilégiés d'avoir enfin à leurs côtés quelqu'un susceptible de leur apporter ce qu'ils ne seront vraisemblablement jamais en mesure de développer ou d'acquérir par eux-mêmes. Louis a pensé à tort qu'il était un de ceux-là.

Avant qu'on habite ensemble, le désordre qui régnait en maître dans le logement de Caroline ne me dérangeait aucunement. Je ne crois pas exagérer en affirmant qu'il m'arrivait même de trouver un petit côté charmant à son fouillis. Ayant toujours eu un faible pour les personnalités lunatiques et insouciantes, je trouvais ça cool, *une fille qui avait d'autres priorités que le rangement et le ménage.*

Aussi étonnant que cela puisse paraître, son laisser-aller avait même à mes yeux quelque chose de rassurant. Je me disais que, une fois qu'on aurait emménagé ensemble, elle n'allait pas chercher à me contrôler comme l'avaient fait trop d'autres partenaires avant elle. C'était faire montre, j'en conviens aujourd'hui, d'une bien grande naïveté, car une fois sous le même toit, ce fut une tout autre histoire.

Son désordre et ses allures baba cool *ont tôt fait de m'irriter. Et non sans raison ! Son garde-robe était un véritable foutoir et son coin de travail avait l'air d'une caverne d'Ali Baba. Sans compter qu'elle ne cessait de laisser traîner ses effets personnels – vêtements, accessoires de toilette, etc. – un peu partout dans la maison. J'ai longtemps essayé de rester calme, de ne pas la critiquer trop sévèrement, d'aborder le sujet tout doucement avec elle. Mais est venu un moment où ma patience a atteint ses limites. Mes emportements n'ont cependant rien changé à la situation.*

Pour bon nombre de couples, le processus de différenciation s'opère en douce et de façon graduelle, de sorte que les changements qui s'imposent ne perturbent pas trop ceux et celles qui s'étaient crus promis à un état de béatitude permanente. Mais il en est d'autres pour qui le retour en force d'une réalité qu'ils avaient cru à jamais transcendée par leur passion initiale s'avère particulièrement bouleversant. On voit alors ces hommes - et surtout ces femmes - passer par une gamme d'émotions s'étendant de l'étonnement à la consternation, quand ce n'est pas de la déception au découragement. Même si, à ce stade, ils ne sont pas menacés d'éclatement, ce sont là des couples dont le profil risque de les rendre, à une étape ultérieure de leur cheminement, plus vulnérables que d'autres à une forme ou l'autre de burnout amoureux.

DEUIL PROFITABLE

Il serait cependant dommage - et surtout erroné - d'en conclure que toute passion amoureuse conduit inévitablement à la déception et au désenchantement. Car s'il y a différenciation dans les rapports, il n'y a pas nécessairement découragement. Il s'agit d'un passage obligé où l'un et l'autre partenaire sont appelés à faire le deuil de l'état idyllique ayant initialement altéré leurs perceptions et à se réapproprier lentement leur capacité de s'apprécier mutuellement tels qu'ils sont.

Alors que, au temps désormais révolu de la passion enfiévrée, il était, pour l'un comme pour l'autre, impensable - et parfois même insoutenable - d'imaginer que l'être aimé pouvait être imparfait, voilà que le réalisme qui s'impose les invite à faire la part des choses entre, d'une part, ce qui relève des petits travers de personnalité d'un partenaire et, d'autre part, ce qui a trait aux événements de la vie courante susceptibles de rendre quelqu'un occasionnellement désagréable ou irritant. Comme beaucoup de ces conjoints qui se sont rendu compte que la réalité était plus complexe qu'elle n'y paraissait au temps des premiers émois, Caroline est de celles qui ont eu à mettre certaines choses en contexte.

En Louis, je croyais avoir rencontré le gars parfait, ou presque. Je racontais à toutes mes amies que j'avais remporté le gros lot à la loterie du meilleur amoureux au monde, ce qui les faisait bien rigoler. « Attends un peu, qu'elles me disaient, tu vas finir par revenir sur la planète et ouvrir les yeux. Tu verras bien. »

Dans toute ma naïveté, je pensais qu'elles m'agaçaient de la sorte parce qu'elles enviaient mon bonheur. Mais je réalise aujourd'hui qu'elles n'avaient pas tout à fait tort. J'ai eu, effectivement, à quitter l'univers d'enchantement et d'éblouissement dans lequel je m'étais réfugiée. Même que le retour sur terre a provoqué certaines turbulences !

Ce qui ne veut pas dire que je me suis retrouvée avec le dernier des crétins ou des abrutis. Louis demeure toujours l'homme bien – et beau ! – qui a chamboulé mon cœur la toute première fois que je l'ai vu. Mais j'ai fini par me rendre compte qu'il n'est pas aussi exceptionnel que je me suis plu à le croire au cours des premières années. Plus rationnel qu'il ne le laisse paraître, il peut même se montrer coincé et rigide sur plus d'un plan. Ce qui n'a pas été sans m'étonner, moi qui pensais avoir rencontré un gars plutôt proche de ses émotions. Louis a aussi tendance à juger rapidement les gens, ce qui me met en colère presque chaque fois. J'ai donc eu à faire la part des choses et à me resituer par rapport à lui.

Le rapprochement entre le désenchantement passager de Caroline par rapport aux traits de caractère de Louis et l'indisposition de ce dernier, quelques années plus tard, au regard des habitudes alimentaires révisées de sa conjointe n'est donc pas factice. Si, pour se conformer en tous points aux habitudes de son nouvel amoureux, Caroline s'était déjà montrée prête à piger allègrement dans le sac de *chips*, elle n'a pas tardé, une fois rassurée quant aux sentiments que Louis lui portait, à revenir à des habitudes alimentaires convenant davantage à ses convictions et à ses besoins.

L'aveuglement des débuts s'étant dissipé, il n'est pas rare que les efforts de l'un pour faire montre d'attention envers l'autre en viennent à se raréfier, et parfois même à disparaître presque complètement. C'est souvent le cas des hommes qui, une fois révolu l'emballement des débuts, sentent moins le besoin de s'investir personnellement dans des rapports de charme et de séduction pour satisfaire les besoins de leur conjointe. Les attitudes ou les gestes qu'ils avaient pourtant eu plaisir à déployer pour courtiser et pour plaire s'estompent alors petit à petit pour faire place au besoin d'exprimer leur vraie nature. Ce faisant, ils donnent raison au poète latin qui se plaisait à rappeler que, une fois chassé, le naturel revient vite au galop. Certaines conjointes, attristées par un tel revirement, ne savent pas trop comment l'interpréter.

Un couple parvenu à cette étape vit ce qu'on appelle un phénomène d'habituation. On emploie ce qualificatif lorsqu'une situation ou un comportement, d'abord vécu comme stimulant, en vient, à force de se répéter, à perdre son intérêt ou parfois même à agacer. Même si la comparaison peut paraître réductrice, il en va d'un couple en proie aux habitudes et aux automatismes comme d'un enfant rassasié de gâteau au chocolat. Quand il ne s'en voit servir qu'à l'occasion - lors d'anniversaires ou d'événements spéciaux -, une seule part suffit à faire briller ses yeux de plaisir, à stimuler ses papilles gustatives et à faire grimper son niveau de satisfaction à un sommet. Mais s'il en trouve tous les jours à son menu, il risque de s'en désintéresser rapidement et même, à la longue, de venir à en éprouver une certaine lassitude.

Il presse alors de ne pas trop laisser traîner les choses, car, parvenus à ce stade, les partenaires n'en ont plus uniquement pour l'autre. Les parents et les amis ont souvent repris leur place dans les priorités et les préoccupations de chacun. Il en est de même du travail qui, pour ceux qui se trouvent investis dans la poursuite d'une carrière, se fait souvent plus exigeant que jamais. Devant ce chambardement dans l'ordre des priorités, les partenaires concernés risquent de voir émerger un phénomène inverse à celui qui prévalait lors de la phase d'emballement, ce qui se passe en marge de la relation devenant alors tout aussi important - sinon plus ! - que la dynamique inhérente au couple.

D'autre part, il est à noter que les frictions et les affrontements résultant des différences de caractère et de personnalité des partenaires faisant vie commune augmentent en fonction de l'importance des engagements. Ainsi, plus leurs projets communs les amènent à s'investir personnellement à l'égard de l'autre - gestion centralisée des revenus et des dépenses, achats nécessitant des mises de fonds majeures, fondation éventuelle d'une famille -, plus grandes sont les possibilités de se buter à leurs différences. Caroline et Louis sont de ceux qui connaissent bien cette situation.

COMPLÉMENTARITÉ COMPROMETTANTE

Au cours de la période marquée par la passion, les conjoints nouvellement impliqués dans une vie de couple ont généralement tendance à se réjouir des différences qui les singularisent. Emballés de trouver chez l'autre ce qu'ils n'ont pas, ils perçoivent dans ces divergences beaucoup plus d'avantages que d'inconvénients. Un partenaire dépensier est ainsi porté à voir d'un bon œil l'arrivée dans sa vie d'un conjoint enclin aux économies et à la prévoyance ; quelqu'un de timide et de craintif à se réjouir d'avoir à ses côtés une personne fonceuse et extravertie ; et un individu pratique et rationnel - tel que Louis, par exemple - à apprécier la présence sous son toit d'une partenaire plutôt désinvolte comme Caroline.

Mais vient un moment - la plupart du temps lorsque l'habituation est devenue la règle - où les différences qui s'annonçaient comme de possibles avantages se transforment en sources d'irritation et d'affrontement. La modération est alors perçue comme de la pingrerie, l'entregent comme de la frivolité et le stoïcisme comme de la négligence. Ce qui tenait lieu de facteur de rapprochement se transforme ainsi, sinon en cause d'éloignement, du moins en occasion de brouilles et d'incompréhensions de toutes sortes.

Étant donné que ce sont les femmes qui, en règle générale, sont les premières à prendre conscience des changements qui s'opèrent dans la relation, ce sont par conséquent elles qui nourrissent habituellement les plus grandes préoccupations devant le relâchement qui se produit au sortir de la phase de fusion. Un certain nombre l'interprètent comme une évolution normale de leur relation et ne s'en formalisent pas trop. Mais la majorité d'entre elles s'en inquiètent toutefois vivement en imputant, entre autres, ce relâchement à une baisse de leur pouvoir d'attraction. « Je ne suis plus ta priorité », se permettent-elles de penser, et parfois même d'exprimer ouvertement, au moment où elles sentent que quelque chose leur échappe.

En proie à une culpabilité naissante, mais non moins pernicieuse, elles se mettent alors à la recherche de ce qu'elles ont fait – ou manqué ! – pour que leur relation montre de tels signes de lassitude ou d'essoufflement. Bien peu de femmes se permettent cependant, à ce stade de la relation, de partager le questionnement qui les tenaille avec le principal intéressé. Hésitantes quant au bien-fondé de leurs appréhensions, et soucieuses de ne pas embêter celui dont elles déplorent les négligences, elles préfèrent, dans un premier temps du moins, se replier sur elles-mêmes en élaborant toutes sortes d'hypothèses qui ne font qu'ajouter à la culpabilité qui les assaille déjà. Malgré sa tendance naturelle à ne pas s'inquiéter inutilement, Caroline n'y a pas échappé.

Je me suis longtemps demandé en silence pourquoi Louis avait tant changé, pour quelles raisons il n'était plus aussi attentionné, disponible et amoureux qu'aux premiers jours. Et, comme j'ai l'imagination plutôt fertile et l'estime personnelle passablement fragile, les scénarios, plus incongrus les uns que les autres, se sont mis à défiler dans ma tête.

Je me suis tout d'abord dit que Louis n'aimait pas vraiment les femmes enveloppées, qu'au fond il avait toujours préféré les minces et qu'il n'avait jamais osé me l'avouer par crainte de me blesser. Il y a même des journées où j'en suis venue à croire que j'avais été victime de mes illusions, que j'avais été bien naïve de penser qu'un gars comme Louis pourrait se satisfaire d'une femme comme moi.

Mais, heureusement, je suis arrivée à me ressaisir et à me dire que j'étais beaucoup plus que mes rondeurs. Que, si je n'avais pas la taille des mannequins qui ornent les pages des magazines de mode, j'étais cependant dotée d'une intelligence vive, d'une créativité débordante et d'une grande facilité à communiquer avec mon entourage. Cela a certes eu l'avantage de remettre les choses en perspective – pour un temps du moins –, mais au prix de maux de tête et d'insomnies dont je me serais volontiers passée.

Plus spontanément portées que les hommes à se tourner vers des proches pour trouver conseils et réconfort, beaucoup de femmes préfèrent confier les difficultés qu'elles éprouvent avec leur partenaire à des gens de leur entourage plutôt que d'affronter directement le principal intéressé. En procédant de la sorte, elles cherchent à savoir si leurs déceptions sont légitimes et si les attentes qu'elles nourrissent envers leur conjoint ne sont pas trop élevées. Il s'agit certes d'une initiative préférable au silence dans lequel d'autres se réfugient, mais elle s'avère rarement plus indiquée que la confrontation directe avec le partenaire concerné. Caroline l'a appris à ses dépens lorsqu'elle a décidé de se confier à une amie.

Ce n'est qu'après un certain nombre d'échanges que j'ai réalisé qu'Anne-Sophie n'était pas la personne la mieux placée pour accueillir mes confidences. Lorsque j'évoquais certains travers de Louis et que je lui faisais part des changements qui s'étaient opérés dans notre relation, elle me laissait rarement le temps de terminer ce que j'avais commencé à lui dire. Elle s'empressait plutôt de m'expliquer qu'il n'était pas le gars qu'il me fallait, que je méritais mieux, que je ne pourrais jamais être heureuse avec lui et que je ferais mieux de le larguer avant que ce soit lui qui le fasse. S'il est des remarques et des commentaires dont je n'avais pas besoin, c'était bien ceux-là. Je trouvais que ses propos manquaient cruellement de nuance et de recul.

L'empressement d'Anne-Sophie à décrier Louis a fait en sorte que je me suis retrouvée à le défendre tout en cherchant à la convaincre du bien-fondé de mon choix. Moi qui m'attendais à trouver le soutien et la compréhension d'une amie, j'ai plutôt eu à apaiser sa colère et à la rassurer sur l'avenir immédiat de ma relation.

Mais je ne lui en ai pas voulu pour autant. Avec le recul, je me suis rendu compte qu'Anne-Sophie cherchait d'abord et avant tout à me protéger. C'était sa façon à elle de témoigner l'amitié qu'elle me portait.

CULPABILITÉ 101

Les femmes étant enclines à se considérer comme les premières responsables de l'essoufflement de leur relation, il n'y a pas à s'étonner qu'elles cherchent d'abord en elles ce qui peut être changé de façon à renverser le cours des choses. Dans leur for intérieur, beaucoup estiment en effet que, en se rendant plus intéressantes aux yeux de l'autre ou en anticipant certaines attentes de leur conjoint, elles parviendront à raviver l'intérêt initial. Une façon de faire qui a aussi été celle de Caroline.

Après m'être longuement questionnée et avoir fait fi des jugements à l'emporte-pièce d'Anne-Sophie, j'en suis venue à la conclusion que quelques petites transformations dans mes habitudes et mon look *me seraient d'un grand secours. Ainsi, sans même prendre la peine de consulter Louis, et malgré tout le mal que je pensais de celles qui succombaient au culte de la minceur à tout prix au lieu de s'accepter comme elles étaient, j'ai commencé à suivre un régime alimentaire.*

Puis, dans l'espoir d'accélérer le processus, et bien que le sport n'ait jamais suscité en moi un grand intérêt, je me suis inscrite à un centre de conditionnement physique. Je me disais que ça ne pouvait être que bénéfique à ma santé physique et mentale. Et, pour apaiser les irritations de Louis, je me suis équipée d'un agenda électronique, d'un classeur pour ranger mes différents documents, de même que d'unités de rangement adaptables pour ma penderie. De quoi laisser pantois quiconque s'était déjà frotté à mon désordre…

À l'image de nombreuses femmes qui vivent des situations semblables, Caroline ne s'est pas arrêtée là. En plus d'enclencher tout un processus de changements sur le plan personnel, elle s'est affairée à susciter de nouvelles occasions de rapprochement susceptibles d'étonner et de ravir à nouveau celui qui, il y a peu de temps encore, souriait d'aise à la seule idée de se retrouver en tête à tête avec elle.

Dans le but de redonner un peu *de* oumf *à notre relation devenue par trop prévisible, je me suis précipitée sur tout ce qui était offert aux couples qui, selon ce qu'en disaient les promotions correspondantes, semblaient vivre une passion tout aussi intense qu'immortelle. Je me suis ainsi retrouvée avec une montagne de feuillets publicitaires vantant les mérites d'un séjour dans un hôtel-spa en montagne, d'un week-end romantique à la campagne, d'une conférence sur les défis de la vie à deux et même d'une croisière retrouvailles pour couples à la recherche d'un second souffle !*

J'ai cependant vite foutu le tout dans le bac à recyclage lorsque, dès la toute première fois où je me suis assise avec lui pour en parler, Louis s'est empressé de me dire : « Ben voyons donc, Caro, je ne vois vraiment pas à quoi nous serviraient ces affaires-là. Nous ne sommes quand même pas sur le point de nous séparer ; pourquoi t'en faire à ce point-là ? Tu vois toujours les choses pires qu'elles ne le sont. »

À compter de ce moment, je me suis dit qu'il valait peut-être mieux me taire et attendre que le temps joue en ma faveur.

Caroline n'est pas la seule à se réfugier dans le silence lorsque les choses tournent en sa défaveur. Beaucoup d'autres, pour différentes raisons, en viennent à faire de même. C'est entre autres le cas de celles qui, au cours de leur enfance, ont appris qu'il était rarement – sinon jamais – souhaitable d'exprimer spontanément leurs besoins et leurs attentes. Elles en sont venues à la conclusion que le silence était d'or lorsque, en tentant de se confier à une mère ou à un père débordé, dépressif ou en déficit de compétences parentales, elles se sont vues ignorées, jugées ou même punies. Bon nombre ont par conséquent retenu qu'il n'était pas dans leur intérêt d'exprimer ouvertement les sentiments et les émotions qui les habitaient.

À ces expériences relevant de l'enfance s'ajoute une espèce d'héritage intergénérationnel voulant qu'il aille de soi que les femmes s'oublient pour ceux et celles qui les entourent, allant même, pour certaines d'entre elles, jusqu'à étouffer toute forme d'expression qui laisserait entrevoir leur insatisfaction et leur frustration. Aussi étonnant que cela puisse paraître, elle n'est pas si lointaine l'époque où le fait d'être malheureuse était loin de constituer une raison valable pour dénoncer une relation décevante ou remettre en question une union qui n'allait nulle part. Ce n'est que depuis quelques décennies, après moult batailles et revendications, qu'un minimum de droits a été reconnu aux femmes, dont celui d'être heureuse en amour.

Mais, bien qu'elles aient désormais tout le loisir de s'exprimer librement, beaucoup de conjointes hésitent encore à faire montre d'exigence ou craignent toujours d'exprimer ce qui les blesse ou les fait souffrir. Elles préfèrent demeurer coites en espérant que leur conjoint lise dans leurs pensées et devine leurs besoins. Il s'agit là d'un pari fort risqué, les hommes, en général peu habiles à décrypter le non-dit, risquant alors d'interpréter leur silence comme un signe de satisfaction implicite.

La différenciation caractérisant la deuxième étape de la vie de couple ne tient cependant pas qu'aux interactions des partenaires impliqués. Elle est également le résultat de la nature même des hommes et des femmes concernés. Il s'agit d'un constat que les Caroline et Louis de ce monde auraient tort d'ignorer lorsqu'ils s'interrogent sur les raisons ayant provoqué les conflits auxquels ils font face.

SPÉCIFICITÉS DISTINCTIVES

Les recherches d'Ayala Pines, une éminente psychologue d'origine israélienne, effectuées auprès de conjoints éprouvant différentes formes d'essoufflement amoureux, rapportent que ce sont les femmes qui se montrent les plus sensibles aux indices annonciateurs d'un quelconque déclin au sein de leur relation de couple. À la lecture des conclusions de ces divers rapports, on se rend d'ailleurs compte que ce sont effectivement elles qui s'avèrent de véritables baromètres de la vie à deux.

Ces constats entraînent des conséquences directes. Toujours selon les études disponibles, plus de femmes que d'hommes déclarent être insatisfaites ou contrariées par l'état de leurs rapports avec leur partenaire. Plus affectées que leurs conjoints par la détresse psychologique risquant de s'ensuivre, elles recourent plus spontanément à la thérapie de couple. Et, lorsque les perspectives d'amélioration tardent à se pointer, il n'est pas rare qu'elles en viennent à regretter de s'être engagées dans la vie à deux, se retrouvant du fait même passablement plus circonspectes à l'idée de se réengager de nouveau. Puis, lorsque le point de non-retour est atteint, ce sont elles qui engagent le plus souvent les procédures de séparation ou de divorce et qui se montrent moins pressées de refaire leur vie que ceux qu'elles viennent de quitter.

Des recherches tout aussi sérieuses démontrent d'autre part que la vie à deux s'avère particulièrement bénéfique aux hommes, tant sur le plan physique que mental et émotionnel. À l'analyse des réponses apportées aux questionnaires auxquels ils ont été soumis, on comprend que les hommes mariés ou en couple jouiraient d'une meilleure santé et vivraient plus longtemps que leurs homologues célibataires. Ils se déclarent plus heureux que les femmes ayant répondu aux mêmes interrogations et se montrent plus positifs qu'elles lorsqu'ils ont à évaluer l'état de leur union.

Alors que les hommes seuls sont plus susceptibles d'être mentalement perturbés que les femmes sans conjoint, ceux qui vivent en couple ont un taux de maladies mentales plus bas que les femmes qui partagent le même statut. Les recherches laissent également voir que le bien-être psychologique des hommes est davantage fonction du sentiment de sécurité et de stabilité que leur procurent leur relation de couple et leur situation familiale que des perspectives de reconnaissance et de gratification liées aux fonctions qu'ils occupent dans leur milieu de travail. C'est d'ailleurs souvent dans le but de retrouver ces sentiments d'aisance et de contentement que, une fois délaissés par celle qui était à leurs côtés, ils ne tardent pas à se mettre à la recherche d'une nouvelle partenaire.

Il importe toutefois de noter que les études rapportées ici sont basées sur des batteries de questions soumises à des groupes tests dont les profils ne présentent pas tous les mêmes similitudes. De plus, comme c'est fréquent dans ce genre d'exercice, les personnes interrogées cherchent souvent à répondre aux questions comme elles croient devoir y répondre. Ce qui laisse supposer une marge d'erreur qui pourrait être significative. Il convient donc de faire montre de prudence avant d'affirmer de façon catégorique que les femmes vivent effectivement plus d'épuisement que les hommes sur le plan de leurs relations amoureuses.

Au-delà de l'interprétation que l'on peut faire des données que l'on possède, il est possible que les hommes ne réalisent pas qu'ils sont épuisés, ou n'osent tout simplement pas l'avouer de crainte d'altérer l'image qu'ils souhaitent projeter. Tout comme il se peut que des femmes trouvent une certaine forme de valorisation à se déclarer particulièrement affectées, et même mortifiées, par la pauvreté de la dynamique existant dans leur couple. Le discernement demeure donc approprié lorsque vient le temps d'interpréter les statistiques qui sont rendues disponibles.

Mais, peu importe la lecture que l'on en fait, la lassitude amoureuse n'est pas nécessairement synonyme de catastrophe annoncée. Au cours de la phase de différenciation – cette deuxième étape de la vie de couple –, la majorité des partenaires continuent de nourrir une perception somme toute positive de leur relation et de leur conjoint. Malgré des déceptions amères et souvent douloureuses, les conjoints les plus affectés continuent d'entretenir l'espoir que l'autre prendra conscience de la situation et s'ajustera en conséquence. C'est ce qu'a expérimenté Caroline lorsqu'elle a constaté que l'engouement qu'elle avait nourri pour Louis avait soustrait à son regard quelques-uns de ses petits défauts.

C'est toutefois à compter du moment où elle s'est rendu compte qu'un simple sac de *chips* ou un banal emballage de biscuits au chocolat avaient soudainement le pouvoir de mettre le feu à ses rares échanges avec Louis qu'elle a constaté que les nombreuses initiatives qu'elle avait prises pour redresser la situation n'avaient pas porté les fruits escomptés. Ce qui l'a amenée à lever un premier drapeau rouge : « Louis, je me suis arrangée avec ma mère. Elle garde les enfants pour le reste du week-end. Quant à moi, je pars m'aérer l'esprit jusqu'à demain après-midi. À part les urgences, je ne suis là pour personne… »

Épuisement, attention, danger.

CHAPITRE 3
Le défi de la parentalité

En ce début de samedi après-midi pluvieux, le week-end somme toute prévisible que s'apprêtait à vivre cette petite famille de banlieue a donc pris une tournure pour le moins inattendue. Après avoir déposé les enfants chez sa mère, et hésité un moment en passant devant les boutiques à la mode du centre commercial le plus près, Caroline a finalement décidé de s'engouffrer dans la première salle de cinéma où une projection s'apprêtait à débuter. Affalée dans son fauteuil, un contenant de *popcorn* dans une main et une boisson gazeuse dans l'autre, elle a trouvé du réconfort à la seule idée de se soustraire, ne serait-ce que quelques heures, à la tension qui rendait sa relation avec Louis de plus en plus insoutenable.

Demeuré seul à la maison, celui-ci se sentait quelque peu dépassé par les événements. N'ayant aucunement vu venir le coup, il se demandait ce qui avait bien pu se passer dans la tête de Caroline pour qu'elle en vienne à agir de façon aussi brutale et irréfléchie. Désemparé au point de ne savoir que faire, il a passé une commande à la pizzéria du coin tout en décapsulant la dernière bière qui restait dans le frigo. Puis il a pris place devant la télé en se disant qu'il s'agissait peut-être là d'une occasion privilégiée de pouvoir enfin regarder un match de foot sans avoir à se préoccuper des humeurs de l'un ou des états d'âme de l'autre. Une façon, bien à lui, de faire contre mauvaise fortune bon cœur.

Ces premières heures passées à distance l'un de l'autre ont permis aux deux conjoints de reprendre quelque peu leurs esprits et d'apprécier la bouffée d'air frais que leur procurait ce revirement de situation. Ils n'ont cependant pu faire l'économie du dialogue intérieur qui ne manquait pas de s'établir chaque fois que leurs chicanes se terminaient en une rupture momentanée. Sans qu'ils l'aient recherchée s'est alors amorcée une réflexion sur l'état de leur relation depuis la naissance de leurs rejetons.

BÉBÉS ÉPROUVANTS

Dans la majorité des cas, l'expérience de la parentalité est source de grandes joies pour ceux et celles qui font le choix de se lancer dans l'aventure. Elle insuffle chez la plupart d'entre eux de profonds sentiments de fierté et d'accomplissement. L'événement s'avère d'autant plus stimulant et gratifiant lorsque les deux conjoints s'acquittent allégrement et équitablement des nouvelles tâches qui leur échoient. Il ouvre alors la voie à de nouvelles formes de rapprochement qui vont de l'admiration mutuelle à une complicité accrue. Mais l'arrivée des enfants entraîne également – et inévitablement ! – avec elle son lot de confrontations et de remises en question. C'est en voyant s'activer un groupe d'enfants dans l'aire de jeu du complexe cinématographique, à sa sortie de la salle de projection, que Caroline en a mesuré toute la portée.

Nos enfants, s'est-elle mise à penser en observant l'agitation et la turbulence qui régnaient autour des jeux d'arcade, voilà qui s'est avéré une solide mise à l'épreuve pour notre couple. Déjà que l'arrivée de Justine, il y a près de six ans, nous avait contraints à d'importants ajustements, la naissance de Thomas, il y a presque trois ans maintenant, a eu comme effet d'ajouter du poids à une équipée qui, je le constate aujourd'hui, avait déjà atteint sa limite de chargement.

Tout cela a commencé avec l'accouchement du petit dernier, qui n'a pas été de tout repos : contractions douloureuses et prolon-

gées, position malaisée du bébé, dilatation lente du col de l'utérus, obligation de recourir à l'analgésie péridurale, etc. Et ce ne furent là que les débuts. Une fois rentré à la maison, notre poupon s'est mis à souffrir de coliques. Certains jours, il ne dormait pratiquement pas, tellement il pleurait. Voir son bébé se tordre de souffrance sans arriver à l'apaiser, c'est vraiment bouleversant.

J'ai pourtant tout fait pour le soulager : des tisanes à la camomille aux berceuses dans le fauteuil à bascule en passant par des séances de massage abdominal à même le couvercle de la sécheuse à linge. Mais rien n'y a fait, si ce n'est, à l'occasion, l'effet apaisant que pouvaient lui procurer de longues balades en auto – la plupart du temps en pleine nuit – en compagnie de son père.

Et, comme si ce n'était pas suffisant, Justine s'est mise à se réveiller à son tour en réclamant des attentions qui avaient bien peu à voir avec de réels besoins : une soif soudaine, une fausse envie d'uriner, une peur inopinée, etc. Il y a eu des nuits où notre foyer a pris les allures d'une véritable pouponnière d'hôpital.

Beaucoup de conjoints l'avouent ouvertement : l'arrivée d'un premier enfant provoque un véritable séisme au sein de leur union. Les recherches du psychologue américain John Gottman, effectuées auprès d'un grand nombre de couples en situation d'interaction, viennent d'ailleurs confirmer ces témoignages. Le respecté spécialiste des relations de couple a en effet constaté que plus de sept femmes sur dix voient leur niveau de satisfaction conjugale chuter spectaculairement à compter du moment où elles deviennent mères pour la première fois. L'insuffisance, ou l'absence, de participation de leur conjoint dans les tâches domestiques à partager et les soins à prodiguer aux enfants y est pour beaucoup.

Si Caroline, malgré l'implication tout de même significative du père de ses enfants, n'a pas toujours bénéficié de l'écoute active qu'elle aurait souhaitée, Louis, pour sa part, a eu le sentiment de perdre au change dans la nouvelle dynamique qui s'est installée avec l'arrivée de l'aînée et du cadet. En constatant que la disponibilité et l'attention de Caroline lui échappaient au profit des nouveau-nés, il en est venu – en secret, il va sans dire – à reprocher à Justine et Thomas de lui avoir, en quelque sorte, volé sa conjointe.

Il fut un temps, particulièrement au cours des douze mois ayant suivi leur naissance respective, où Caroline semblait n'en avoir que pour les enfants. Peu importe le moment du jour ou de la nuit, elle s'assurait que l'un comme l'autre ne manquaient jamais de rien, se rappelle Louis. Alors qu'il me fallait presque me battre pour obtenir un peu de son attention et de sa présence, Caro se montrait d'une disponibilité et d'une attention de tous les instants pour les enfants. J'aurais pu m'effacer du décor qu'elle ne s'en serait même pas aperçue…

Honteux de se voir saisi de tels sentiments, Louis s'est toujours refusé à en parler. Lorsqu'il éprouvait ainsi de l'envie pour ceux qui bénéficiaient de la présence assidue de celle qu'il aurait aimé voir plus souvent à ses côtés, il préférait se taire et se retirer. Ce faisant, il obligeait Caroline à s'investir encore plus auprès des enfants, accentuant du fait une situation qu'il était le premier à déplorer. L'un et l'autre se voyaient alors emportés dans une spirale de frustrations et de reproches qui ne faisait qu'envenimer la situation.

DISETTE INVOLONTAIRE

Si près des trois quarts des femmes voient leur niveau de satisfaction conjugale chuter avec l'arrivée d'un premier enfant – pour des questions, entre autres, liées à l'absence ou au déficit de compassion et d'implication de leur partenaire de vie –, les hommes, dans une proportion relativement semblable, sont pour leur part portés à se sentir négligés de leur conjointe sur les plans sexuel et émotionnel. C'est en apercevant les formes généreuses des meneuses de claques se dandinant sur les lignes de côté, pendant que son équipe préférée peaufinait sa stratégie en vue de la prochaine série de jeux à l'attaque, que Louis a pris la mesure de l'insatisfaction qu'il éprouvait dans sa vie de couple ces dernières années.

Je ne cacherai pas que je suis doté d'une forte libido. J'ai souvent été attiré par les femmes qui savaient m'en mettre plein la vue et, en ce sens, Caroline est de celles qui correspondaient tout à fait à mes critères et à mes préférences. Je dirais même que les quelques kilos dont elle n'a pas pu se défaire à la suite de ses deux accouchements n'ont fait qu'ajouter à mon désir pour elle. Il semble cependant qu'elle n'ait pas vécu les choses de la même façon. D'après ce que j'ai pu constater, la maternité a eu un effet passablement inhibiteur sur les ardeurs qu'elle démontrait au début de notre relation.

Malgré mon avidité et mon empressement, je ne me suis tout de même pas conduit comme un moron. *Au cours des premiers mois suivant la naissance de Justine, je me suis montré des plus compréhensifs. J'étais en effet sensible à la somme d'efforts et d'ajustements que ce nouveau rôle de maman exigeait de Caroline. C'est pour cette raison que, côté sexe, je ne me suis pas montré trop empressé. Mais, à compter du moment où les enfants ont commencé à faire leurs nuits et à fréquenter la garderie, je me suis attendu à ce que nous redevenions les amants que nous étions.*

Afin de raviver ce qui s'était passablement édulcoré au fil du temps, j'ai ainsi commencé, une fois que la routine du soir était complétée et que les enfants étaient endormis, à multiplier les approches auprès de Caro en espérant que mes initiatives portent leurs fruits. Mais non. Elle m'a plutôt fait savoir, sur un ton qui ne cachait rien de son désintéressement, qu'elle était épuisée et qu'elle avait besoin de temps pour elle. Elle s'installait alors devant la télé pour regarder ses téléromans préférés ou se retirait dans la salle de bain pour se laisser tremper pendant des heures en feuilletant ses magazines de mode et de décoration.

Frustré, pour ne pas dire humilié, je ravalais alors mes envies en ne me privant pas de lui lancer une ou deux remarques qui n'étaient pas toujours de très bon goût. Même si je reconnais que ma réaction n'était pas des plus indiquées, ce qui m'importait alors avant tout, c'était qu'elle sache que je ne me sentais pas bien et que cette forme plus ou moins convenue de chasteté ne me satisfaisait aucunement.

Et, si nous ne faisions pas l'amour dans les jours qui suivaient, je me braquais encore plus, n'engageant surtout pas d'efforts particuliers pour améliorer la situation ou répondre aux attentes qu'elle pouvait nourrir à mon égard. Je savais que mon comportement n'incitait en rien Caroline à se montrer plus avenante, mais c'était plus fort que moi. Si l'abstinence ne semblait pas lui poser problème, c'était loin d'être mon cas !

Alors que Louis continue de déplorer ce qu'il considère comme une désaffection de sa partenaire de vie pour tout ce qui touche leur intimité sexuelle, Caroline, de son côté, se désole du peu de compréhension dont Louis a fait montre à son égard au cours de cette période où ses compétences de mère ont été beaucoup plus sollicitées que ses aptitudes à l'amour et à l'intimité.

Les enfants, le travail et la routine quotidienne à la maison, ça faisait beaucoup à gérer en même temps. Une fois la journée terminée, la dernière chose dont j'avais envie, c'était de faire l'amour. D'autant que, contrairement à Louis, je m'accommodais difficilement d'une « petite vite ». Non pas que j'exigeais un décorum inspiré des romans Harlequin, mais il me semble que les circonstances requéraient un minimum de préliminaires. Encore aurait-il fallu, pour que je m'abandonne totalement, que je cesse de me préoccuper, ne serait-ce qu'une petite heure, des enfants qui dormaient dans les pièces à côté. Ce qui, je le déplore tout autant que Louis, s'est rarement avéré possible.

Mais qu'à cela ne tienne ! De peur de l'indisposer davantage – ou même, éventuellement, de le perdre –, il m'est arrivé de faire un effort et de consentir à ses avances afin qu'il retrouve sa bonne humeur. Mais le résultat ne fut pas toujours à la hauteur de ses attentes. Ce qui, d'une part, a ajouté à sa frustration et, d'autre part, m'a fait perdre les dernières envies que je pouvais nourrir de me rapprocher de lui. Je me suis même refusée à amorcer quelque initiative de rapprochements affectueux de crainte qu'il les interprète comme des invitations à nous retrouver au lit.

DIFFICILE ÉQUILIBRE

En plus de rendre les femmes moins disponibles pour les ébats intimes, les exigences professionnelles et familiales privent également beaucoup de conjoints - hommes comme femmes - des quelques moments, on ne peut plus légitimes, au cours desquels ils pourraient s'adonner à des activités en mesure de les éloigner de leurs tracas quotidiens.

Caroline et moi pouvons compter sur les doigts d'une main les moments où, au cours des dernières années, nous nous sommes permis de sortir en couple. Et encore… Lorsqu'il nous est arrivé de le faire, les conversations convergeaient presque automatiquement – pour ne pas dire systématiquement – vers les enfants. On dirait que nous étions incapables de passer à autre chose !

Ainsi conditionnés par leur rôle de parents et d'éducateurs, nombre de conjoints finissent non seulement par s'abstenir de petits plaisirs qui pourraient leur être des plus profitables, mais également par s'enliser dans une routine où plus personne ne prête attention à l'autre. Sans trop s'en rendre compte, ces partenaires de vie deviennent ainsi l'un pour l'autre à l'image de ce vieux meuble dont on ne distingue plus la présence, mais qui avait pourtant fait l'objet d'une longue recherche et d'une vive convoitise de la part de ceux qui souhaitaient le voir occuper un espace dans leur vie. S'il est un sentiment commun qui habite Caroline et Louis en ces heures de recul et d'introspection, c'est bien celui-là.

Même s'ils considèrent que la présence d'enfants dans leur vie constitue un projet et un accomplissement qu'ils ne sauraient remettre en question, tous deux constatent l'ampleur du défi que cela représente. À travers les pensées qui se bousculent dans la tête de Louis, celles lui rappelant certains de ses emportements le remuent encore.

Bien que, en apparence du moins, je sois toujours demeuré maître de moi, j'avoue m'être parfois retrouvé en proie à des pulsions que je croyais réservées aux plus indignes et aux plus malveillants des pères. Plus d'une fois en effet, aux moments où les pleurs de Thomas se faisaient incessants et les caprices de Justine de plus en plus incongrus et irritants, j'ai eu le goût de quitter la maison, sans mot dire et sans plus d'avertissement, pour aller m'aérer l'esprit en laissant les enfants à leurs larmes et à leurs jérémiades.

À certaines occasions, je me suis même surpris à penser qu'il pourrait m'arriver de les frapper ou de les secouer jusqu'à ce qu'ils entendent raison. Bien qu'elles n'aient fait qu'effleurer mon esprit, ces évocations n'ont pas manqué d'éveiller en moi d'énormes sentiments de culpabilité. Je me disais alors que j'avais tout d'un mauvais père, que je ne méritais pas les enfants que la vie m'avait donnés et que ceux-ci ne tarderaient pas à me reprocher mes attitudes et mes comportements.

Une fois ressaisi, j'ai toutefois pu mesurer, de par ces tiraillements intérieurs, l'ampleur de la détresse qui pousse certains parents à avoir des gestes regrettables à l'endroit de leurs enfants.

CONCESSIONS OBLIGÉES

Comme de nombreux conjoints ayant connu des difficultés à s'adapter à leur rôle de parents, Caroline et Louis ont longtemps pensé que l'entrée de leurs bambins à la garderie allait leur permettre de retrouver un minimum de calme et d'équilibre dans leur vie. C'était là faire montre d'une bien grande naïveté.

Placée en présence d'autres jeunes de son âge, Justine s'est aussitôt mise à contracter les maladies infantiles les plus courantes : rhume, varicelle, grippe, etc. Sans compter les otites, les sinusites, les rhumes et les gastros saisonnières. Et, comme on pouvait s'y attendre, les infections se sont rapidement transmises à son jeune frère. Avec deux enfants qui multipliaient les nausées et les poussées de fièvre, Louis et moi sommes devenus des habitués de la clinique pédiatrique et de la pharmacie du quartier, comme d'autres le sont des centres de conditionnement physique ou des bars du centre-ville. Tout cela n'avait vraiment rien d'une partie de plaisir.

En obligeant un des deux parents à demeurer à la maison avec celui ou celle qui se trouve mal en point, et parfois même contagieux, les affections liées aux maux qui courent viennent ajouter aux difficultés qu'éprouvent les conjoints à assumer pleinement leur rôle de parents. Elles soulèvent même des questions qui dépassent largement la médication à prescrire ou la posologie à suivre.

Pendant toutes ces journées où j'ai dû m'absenter du boulot afin de prendre soin de nos jeunots, je me suis plus d'une fois sentie désavantagée par les concessions que j'ai été appelée à faire. Louis avait beau dire que des absences répétées auraient plus d'incidences sur son travail que sur le mien, je ne considérais pas pour autant que ce rôle me revenait d'emblée. Depuis des années que patrons, syndicats et employés parlent de conciliation travail-famille, il me semble qu'il est temps qu'on passe de la parole aux actes. D'ailleurs, s'il y a encore des employeurs qui croient que des parents se plaisent à demeurer à la maison avec des enfants fiévreux et ronchonneurs, je les invite à en faire eux-mêmes l'expérience. Cela a de bonnes chances de les amener à revoir leurs positions.

SAVOIR-FAIRE MANIFESTE

Cette propension à s'en remettre spontanément à la mère lorsque les enfants – et surtout les tout-petits – éprouvent de plus nombreux ou de plus pressants besoins perdure même si les plus récentes générations de parents tendent vers un partage plus équilibré et plus équitable des tâches liées au soin et à l'éducation des enfants. Bien que les hommes se montrent de plus en plus habiles et désireux de bien faire, il n'en demeure pas moins que ce sont les femmes qui continuent d'afficher une plus grande compétence en la matière. Ce qui explique, en partie du moins, que, dans la plupart des cas, ce sont elles qui se prévalent de la majeure partie du congé parental qui est désormais assuré aux parents par la loi.

Si elles paraissent si avisées, c'est qu'elles sont plus portées que les hommes à prendre conseil auprès de leurs aînées de même qu'à partager le fruit de leurs expériences avec leurs amies. Ce bagage de connaissances, ajouté au surplus de temps et d'énergie qu'elles consacrent spontanément à leur progéniture, fait d'elles - bien qu'elles ne détiennent pas le monopole du savoir-faire - les expertes en matière d'éducation des enfants. Une plus-value qui, bien qu'avantageuse sur plus d'un plan, pose parfois problème lorsque le père et conjoint exprime le désir de s'impliquer, ou encore qu'il est directement invité à le faire. Louis est de ceux qui ne l'ont pas eu facile lorsqu'il a voulu prendre des initiatives en ce sens.

Ça n'a pas été évident de prendre ma place et de dire mon mot dans l'éducation de Justine et Thomas. Selon Caroline, je n'avais pas toujours les compétences requises : je nourrissais des attentes qui ne correspondaient pas au stade de développement des enfants, je ne leur exprimais pas clairement les règles que je souhaitais établir et je me montrais beaucoup trop sévère lorsque venait le temps de leur donner une punition. Piqué au vif par ses observations et ses commentaires, que j'ai d'abord pris pour des reproches, j'ai souvent menacé de tout lui remettre entre les mains si elle n'était pas contente.

Mais heureusement, à force de patience et de persévérance, et en évitant de remettre mes interventions en question devant les enfants, Caroline est parvenue à me faire prendre conscience des quelques ajustements que j'avais à apporter à mon approche. Ce n'est pas que j'étais dépourvu de ressources et de bonne volonté, bien au contraire. Le problème, c'est que je résistais à tirer avantage des connaissances et de l'expertise – plus étendues, j'en conviens aujourd'hui – qu'elle possédait. Il en a fallu du temps et des discussions avant de convenir d'une approche concertée à privilégier avec Justine et Thomas, mais je suis le premier maintenant à me réjouir de l'éducation que nous sommes parvenus à leur donner.

Si Caroline et Louis ont fini par s'ajuster, on ne peut en dire autant de tous les parents. À cause de l'empressement de certains, et du laxisme des autres, beaucoup n'arrivent pas à s'entendre. D'aucuns, plus portés sur la discipline, voient ainsi les règles qu'ils s'évertuent à établir contredites ou ignorées par l'autre parent. Et vice versa. Ce qui est loin d'aider des enfants à trouver leurs repères et une direction pour leur vie.

Ce qui s'avère encourageant dans toute cette dynamique d'ajustement et de recherche du juste équilibre, c'est que les hommes sont de plus en plus impliqués dans l'éducation des enfants. Même si cela ne manque pas de soulever quelques tensions au sein des couples concernés, les avantages compensent largement les inconvénients. En assumant de plein gré ce rôle, les hommes allègent non seulement une tâche que l'on a trop longtemps – et à tort – considérée comme l'attribut exclusif des femmes, mais ils favorisent des rapprochements filiaux qui n'auraient pas été possibles s'ils s'étaient limités à leur rôle de pourvoyeurs. Mus par cette complicité, ils sont beaucoup plus à même de faire valoir leur autorité.

Mais les impacts sont encore plus grands. Les études démontrent en effet que les enfants dont les deux parents se trouvent pleinement investis dans leur éducation sont plus heureux, développent une meilleure estime d'eux-mêmes ainsi qu'une plus grande confiance en leurs moyens. De plus, lorsque le père se montre à la hauteur de ses responsabilités, il est également démontré que la relation de couple se porte mieux. Se sentant moins laissées pour compte et moins débordées, les mamans sont alors portées à éprouver davantage d'affection, de tendresse et de désir pour leur conjoint. Ce qui contribue à éviter un bon nombre d'écueils et de conflits fâcheux ou à s'en accommoder.

PARI RISQUÉ

Comme on peut le constater, la satisfaction conjugale, particulièrement celle des femmes, est intimement liée à la façon dont les conjoints réussissent à composer avec les responsabilités qui leur incombent à l'égard des enfants. Afin d'illustrer la trajectoire que la majorité de ces couples est appelée à emprunter, les spécialistes de la relation d'aide se réfèrent souvent à une courbe en forme de U. L'extrémité gauche, soit celle représentant un premier sommet, correspond à l'étape d'emballement au cours de laquelle les partenaires, généralement sans enfants, voient leur horizon commun dégagé de tout obstacle et de toute entrave. La portion la plus enfoncée de l'arc fait pour sa part référence à la période que les couples rapportent être la plus éprouvante, soit celle au cours de laquelle leurs enfants abordent et traversent leur crise d'adolescence. L'extrémité droite de la courbe représente enfin la phase au cours de laquelle les enfants, devenus de jeunes adultes, quittent la maison familiale, permettant du fait à leurs parents, s'ils ont survécu aux étapes précédentes, de retrouver un niveau d'équilibre et de contentement leur laissant entrevoir le reste de leur vie à deux avec confiance et sérénité.

Cela dit, le fait d'avoir des enfants ne signifie pas qu'un couple va nécessairement vivre un éloignement, tout comme il est possible que des conjoints sans enfants se désintéressent finalement l'un de l'autre. Même si la parentalité oblige ceux et celles qui en font un projet de vie à de multiples adaptations et remises en question, elle n'en demeure pas moins un des plus beaux défis que les couples sont appelés à relever. Ce n'est toutefois pas la seule entreprise qui pousse des partenaires de vie dans leurs derniers retranchements. La quête d'équité dans le partage des tâches liées à la vie quotidienne exige, elle aussi, de l'un comme de l'autre, abnégation, ouverture et volonté de dépassement.

ÉPROUVANTE RÉPARTITION

Une fois le match terminé, Louis est demeuré un long moment devant le téléviseur, la bouche entrouverte et le regard absent. Encore un peu sonné par le départ impromptu de sa compagne de vie, il s'est mis à considérer quelques faits illustrant l'ampleur du fossé qui était en train de se creuser entre Caroline et lui.

À bien y penser, j'ai le sentiment que Caroline et moi ne vivons pas sur la même planète. J'ai beau essayer de la prendre à part, d'attirer son attention sur des aspects qui semblent lui échapper, de lui expliquer les raisons de mes interventions auprès d'elle, rien ne semble générer de quelconques résultats concrets. Non pas qu'elle fasse la sourde oreille, bien au contraire. Elle m'écoute attentivement, se désolant même jusqu'aux larmes lorsqu'elle constate à quel point certains de ses agissements ou de ses attitudes m'agacent ou m'indisposent. Mais le lendemain, quand ce n'est pas au cours des heures qui suivent, tout est à recommencer.

Il y a pourtant des choses dont l'évidence saute aux yeux, non ? Je pense à l'entretien de la maison, par exemple. Faut-il que la poussière modifie la couleur des revêtements et des surfaces pour la convaincre de faire un peu d'époussetage et de nettoyage ? Il me semble que ce sont là des règles de salubrité qui devraient s'imposer d'elles-mêmes. Dans le cas de Caroline, tout laisse croire qu'il en est autrement. Lorsqu'il est question d'entretien ménager, elle semble atteinte d'une cécité soudaine.

Comme le démontrent les réflexions qui se bousculaient dans sa tête à ce moment, Louis présente un profil quelque peu atypique par rapport à l'ensemble des hommes partageant leur vie avec une conjointe. Sollicité dès son plus jeune âge pour assister sa mère dans de telles fonctions, il a vu l'entretien ménager devenir une seconde nature chez lui. C'est pourquoi, avec le temps, il est devenu particulièrement sensible à tout ce qui peut paraître négligé ou délaissé.

Il en est de même pour la bouffe. Est-il nécessaire de rappeler qu'il faut manger trois fois par jour ? D'autant plus que, avec de jeunes enfants, il est de toute première importance de manger à heures fixes. Or, pour Caro, chaque repas semble la prendre au dépourvu, comme si un visiteur se présentait à la maison sans avertir. Et comme elle tient mordicus à ce que Justine et Thomas mangent de façon saine et équilibrée, nous nous attablons souvent à des heures où la majorité des autres enfants sont déjà passés à autre chose.

Je n'ai pourtant pas été avare d'initiatives dans le but de remédier à la situation. Combien de fois me suis-je assis avec Caro afin de revoir la façon de nous répartir les tâches ménagères, dressant et remaniant des listes pour mieux répondre aux affinités et aux disponibilités de chacun ? Mais tout cela prenait vite des allures de résolutions du Nouvel An. Dès que la routine nous rattrapait, les mauvaises habitudes reprenaient. Je n'arrive pas à croire que, après plus de huit ans de vie commune, nous en soyons encore à chercher une base d'entente commune et satisfaisante.

À travers ces années, Caro et moi avons bien tenté de nous épauler et de nous entraider, mais force est de reconnaître que le surmenage et le manque de sommeil ont fini par nous rattraper. Aux périodes les plus éprouvantes de notre apprentissage en tant que parents, j'ai souvent eu l'impression que nous fonctionnions au radar, l'important étant de parer à ce qui nous apparaissait le plus urgent, tout en essayant, du mieux qu'on le pouvait, de ne pas perdre les pédales. Ce que nous ne sommes pas toujours arrivés à faire, malgré notre bonne volonté.

REMISES EN QUESTION

Comme le démontrent les expériences de Caroline et Louis, une fois franchies les périodes initiales d'emballement et de différenciation, les conjoints sont rapidement confrontés à une gamme d'interactions et d'antagonismes dont la forme et l'intensité peuvent varier sensiblement d'un couple à un autre. Avec la naissance des enfants et les obligations quotidiennes que leur impose la vie commune, nombre de conjoints parviennent à faire équipe et voient, du coup, s'intensifier les sentiments qu'ils se portent. D'autres, par contre, et ils sont loin de constituer des exceptions, finissent par déchanter et se questionner sur l'avenir de leur relation.

Bien qu'à cette étape les conjoints les plus éprouvés n'osent pas encore imaginer leur vie sans l'autre, bon nombre se surprennent tout de même à s'interroger sur l'amour qu'ils portent à leur vis-à-vis, sur la réciprocité de ce sentiment, de même que sur les raisons pour lesquelles ils font toujours route avec lui. Comme ces questionnements ne sont encore qu'occasionnels et passagers, ils ne représentent pas de véritables menaces pour l'avenir du couple ou pour l'équilibre psychologique et émotif des partenaires concernés. Ils n'en demeurent pas moins d'importants signaux d'alarme que l'un et l'autre auraient grandement tort de négliger.

Grâce à la bonne volonté dont ils ont fait montre au cours de leurs premières années de vie commune, Caroline et Louis sont arrivés, plutôt bien que mal, à composer avec leurs différends et à éviter que leurs disputes ne dégénèrent en des conflits irréparables. L'arrivée de Justine et Thomas est cependant venue mettre en lumière des dissemblances qu'ils avaient, dans un premier temps, sous-évaluées et, dans un second, considérées comme réconciliables à force d'argumentations et de compromis. L'épreuve du temps leur a toutefois fait prendre conscience de l'importance du défi que représentait la parentalité pour tout couple s'engageant dans cette voie.

DÉCHIRANTS CONSTATS

Après avoir effectué une longue marche au cours de la soirée, Louis s'est finalement endormi sur le divan bien avant que prenne fin le concert rock présenté en exclusivité, ce soir-là, aux abonnés de la télé payante. Ce n'est que le lendemain qu'il s'est rendu compte que le carton de lait, encore plein aux trois quarts, était demeuré sur la table à café, à côté du sac de biscuits qu'il avait pratiquement soulagé de l'ensemble de son contenu. Une inattention qu'il a mise sur le compte de la fatigue et des perturbations auxquelles il s'était trouvé confronté à peine quelques heures auparavant.

Aucunement désireuse de se confier à quelqu'un, et encore moins de s'étourdir pour oublier, Caroline a choisi pour sa part de se réfugier chez une cousine, de nature discrète et recluse, chez qui elle était assurée d'être accueillie sans condition et sans se faire poser de questions. Même si elle n'a pas eu à lui révéler dans le menu détail ce qui l'avait amenée à prendre congé de Louis, Caroline lui a tout de même fait part de quelques-uns des tracas qui l'habitaient. À son grand étonnement, elle a ressenti un certain soulagement à s'ouvrir. Elle a cependant été prise de court lorsque son hôtesse lui a demandé si elle ressentait toujours quelque chose pour Louis. Bien qu'elle ait réussi assez habilement à esquiver la question, elle n'en a pas moins été rattrapée lorsque est venu le moment de se mettre au lit. Placée face à elle-même, elle a alors vu l'interrogation revenir à sa pensée comme en écho.

Si le simple fait de me faire poser la question me chamboule à ce point, serait-ce que mes sentiments pour Louis ne sont plus ce qu'ils étaient ? s'est-elle demandé. Est-ce toujours de l'amour ? Si oui, se peut-il qu'il se trouve à ce point dépourvu de passion, de désir et d'envie ? Sinon, qu'est-ce alors ? De l'amitié ? De l'attachement ? De l'estime ? Si c'est le cas, ça ne ressemble à rien de ce que je voulais vivre.

Consciente que la sévérité du regard qu'elle portait sur sa relation avec Louis était largement conditionnée par la déception et le ressentiment qu'elle vivait depuis plusieurs mois déjà, elle avait beau peser le pour et le contre, le bilan qu'elle tirait de son expérience n'en demeurait pas moins négatif.

C'est triste à dire, a-t-elle pensé, mais j'ai moins d'admiration pour Louis. Il m'arrive encore de me prendre de considération et d'estime pour lui, entre autres, lorsque je constate toute l'attention qu'il est en mesure de déployer en présence des enfants, mais ça demeure bien court. Je retrouve rapidement les sentiments d'éloignement qui m'animent à son endroit depuis trop longtemps maintenant.

À la suite de la naissance des enfants, beaucoup de conjoints rapportent en avoir assez de se battre dans l'espoir d'amener leur partenaire à changer des comportements qu'ils jugent irritants ou déplacés. L'absence ou la minceur des résultats, malgré la multiplicité de leurs approches et de leurs interventions, a fini par les décourager et les convaincre d'abdiquer. Ce qui ne leur apporte pas pour autant tout le soulagement espéré. Devant un tel constat, certains vont commencer à éprouver un sentiment d'échec personnel. Ils se retrouvent aux prises avec la pernicieuse impression d'avoir raté ce qui constituait la relation la plus importante de leur vie.

C'est le cas de Caroline en ce moment. Même si elle a déjà connu quelques remises en question, c'est la première fois qu'elle constate à quel point les enfants et les conflits ont pris toute la place. À la seule idée que le tout pourrait s'effondrer, elle se voit prise d'angoisse et de nausées.

> *C'est la première fois que le mot « séparation » heurte ma réflexion au point que j'envisage qu'il puisse éventuellement faire référence à une étape de ma vie. Il m'est bien arrivé une fois ou l'autre, dans des moments d'exaspération et de colère, de dire à Louis que j'étais fortement tentée d'aller voir ailleurs si j'y étais, mais ce n'était que des menaces creuses. Il suffisait qu'un enfant pleure ou que le panier de linge sale déborde pour que je reprenne mes esprits et que je fasse comme si je n'avais rien dit.*
>
> *Mais, en ce moment, il en est tout autrement. Non seulement je n'arrive pas à me faire à cette idée, mais s'il y a une chose que je ne pourrais supporter, c'est bien d'être séparée des enfants, ne serait-ce qu'une semaine sur deux, dans le cas où nous en aurions la garde partagée. L'idée ne mérite même pas que je m'y arrête. Qu'on songe à Justine, pour qui Louis est le héros et la figure masculine par excellence. Et Thomas, qui est à l'âge où pratiquement chacune de ses phrases commence ou se termine par « maman ». L'impact serait vraiment catastrophique pour eux deux.*

Même si, en son for intérieur, Caroline sait très bien qu'elle n'est pas rendue à une étape aussi déchirante, l'idée la tenaille suffisamment pour qu'elle en éprouve de sérieux malaises. Elle qui avait pensé que la solitude et le retrait, à défaut de régler ses problèmes, lui apporteraient au moins le repos et la tranquillité d'esprit, voilà qu'elle ne peut faire mieux que de se retourner sans cesse sur elle-même tout en jetant des regards préoccupés sur le réveille-matin posé aux abords d'un lit lui apparaissant tout à coup bien grand.

Je me rends compte aujourd'hui que Louis et moi sommes essentiellement réduits aux rôles de parents, de colocataires et d'associés dans ce qu'il convient désormais d'appeler « une PME de type familial ». Ce qui n'a rien à voir avec l'idée que je m'étais faite de la vie de couple la journée où, devant le juge de paix à l'hôtel de ville, j'ai dit « oui » à celui que je considérais alors comme l'homme de ma vie.

Prière de ne pas déranger : dans cette chambre d'invité somnole une femme qui, en tentant d'allier de manière irréprochable sa condition d'épouse, son rôle de mère et ses responsabilités professionnelles, présente les symptômes de ce qu'il est convenu d'appeler un burnout amoureux.

CHAPITRE 4
Conflits récurrents

Pour l'un comme pour l'autre, la journée de dimanche fut à l'avenant de ce qui s'était passé la veille. Caroline a profité de la matinée pour visiter la toute nouvelle exposition présentée au musée, puis prendre le brunch à une table de ce petit café récemment devenu le rendez-vous obligé de la communauté culturelle et artistique de la ville. Après avoir passé la matinée à s'amuser à des jeux en ligne, Louis s'est rendu à l'aréna du quartier afin d'assister aux matchs éliminatoires du tournoi de hockey junior qui s'y déroulait. Tout absorbé qu'il était dans ses pensées, il a eu peine à reconnaître un collègue de travail, croisé aux abords du casse-croûte attenant, entre deux périodes de jeu. « Les femmes ! a-t-il fait pour s'excuser, en s'imaginant que l'autre se montrerait complice de sa boutade. Jamais moyen de prendre congé d'elles... »

Selon les psychologues Neil Jacobson et Andrew Christensen, il existe quatre modèles d'interaction qui, s'ils se répètent trop souvent dans le cadre d'une vie de couple, peuvent affecter sérieusement les partenaires concernés. Parmi ceux-ci, on trouve d'abord les critiques malveillantes et souvent exagérées par rapport à leur fondement. Il s'agit de ces attaques verbales ciblées, et parfois même vicieuses, qui dissimulent mal une intention de narguer, sinon de blesser. Vient ensuite l'expression de revendications et d'exigences suscitant des sentiments de culpabilité chez l'autre s'il n'y acquiesce pas. Les deux spécialistes de la vie de couple dénoncent également la formulation, maladroite et souvent offensante, d'un agacement ou d'une indisposition qui a mis trop longtemps à s'exprimer et à se révéler. La surcharge émotive transforme alors en invective ce qui, au départ, ne devait être qu'une remarque obligeante. À ces trois modèles d'interaction nocive s'ajoute enfin celui du rejet d'un partenaire par celui ou celle qui a refusé, ou qui ne s'est pas senti en mesure, de répondre aux attentes ou aux besoins exprimés.

Comme on peut le deviner, plus le modèle d'interaction irritant ou pernicieux se répète, plus le conjoint lésé ou irrité risque de s'en trouver indisposé et de réagir vivement. C'est ce dont ont pris acte Caroline et Louis au lendemain de cette première nuit passée à distance l'un de l'autre. Malgré le recul somme toute limité que leur ont procuré ces premières heures d'introspection, ils se sont vite rendu compte que leurs différends ne dataient pas de l'arrivée des enfants et des ajustements qu'ils n'arrivaient pas encore à faire au sujet de l'entretien de la maison et de l'élaboration des menus quotidiens. Ils se sont alors tous deux vus ramenés à la période où, après être passés de l'amour fusionnel à la prise en compte de leur nature véritable, ils ont dû convenir que la vie de couple n'avait rien d'un long fleuve tranquille.

ATTAQUES CONJUGUÉES

À l'image de la grande majorité des femmes qui font de leur investissement dans leur vie de couple une priorité de tous les jours, Caroline se désolait depuis un bon moment du désintérêt que semblait afficher Louis devant l'essoufflement – qu'elle estimait pourtant évident ! – de leur union. Après s'en être initialement crue responsable, elle en est cependant venue à penser, à la lumière des innombrables efforts qu'elle a faits pour que leur relation retrouve un peu de la ferveur de ses débuts, qu'elle y était pour bien peu dans l'éloignement qui les menaçait.

> *J'ai beau formuler des demandes pondérées et judicieuses, prendre la peine d'expliquer à Louis – calmement et en détail – ce qui*

constitue la source de mes insatisfactions, rien n'y fait. Son manque de réactions et de mots, que j'interprète comme du désintérêt, me rend encore plus triste. Il m'arrive même de croire que mes attentes au regard de la vie de couple sont trop élevées et mes exigences envers lui, irraisonnables.

La rareté de nos échanges a fini par me faire croire que l'homme avec qui je partage ma vie éprouve de sérieux problèmes à aborder de front les difficultés que nous vivons. Lorsque je le mets en face des aspects que je considère comme menaçants pour notre équilibre et notre harmonie, il perd vite ses moyens, supportant mal de me voir pleurer et éprouver d'aussi profonds malaises. Ne sachant trop comment me réconforter et m'assurer de son appui, il préfère se retirer, toutes les raisons étant bonnes pour éviter de nouveaux tête-à-tête.

Une telle attitude ne fait qu'ajouter de la colère à ma désolation. Et, lorsqu'il se tourne vers ses amis, j'en viens même à penser qu'il préfère leur compagnie à la mienne. Après avoir craint un moment d'être jalouse, je me suis finalement rendu compte que je suis plutôt envieuse du plaisir qu'ils ont ensemble. C'est dire toute la confusion que son comportement engendre.

Il est vrai que Louis, particulièrement avare de mots lorsqu'il s'agit de ses émotions, parle rarement de lui-même. La difficulté qu'il éprouve à s'ouvrir à celle qui partage sa vie n'est pas sans conséquence sur la relation qu'il entretient avec elle. Caroline interprète en effet son mutisme comme une forme d'insensibilité, sinon d'indifférence, à l'égard de la tangente – pour le moins menaçante – qu'a prise leur vie de couple.

Il y a des fois où la colère me fait voir rouge ! Dans ces moments-là, je perds le contrôle et il n'est pas rare que je dise des choses qui dépassent ma pensée. Bien que cela ne justifie en rien mes injures, je nourris le sentiment – faussement, il va sans dire – qu'en l'apostrophant de la sorte il va enfin sortir de lui-même et cracher le morceau. Mais le résultat s'avère rarement concluant. En plus de rester sur ma faim, je finis souvent par me sentir coupable de m'être emportée ainsi. Pire encore, j'ai la gênante conviction que, de nouveau confrontée à une situation du genre, je ne saurai faire mieux que de verser dans les mêmes excès de comportement et de langage.

Mais ce qui m'énerve plus que tout, c'est lorsqu'il essaie de me faire taire en me servant une de ses vacheries. Rien ne m'enrage plus que de me faire dire, au moment où je commence à nourrir l'espoir d'être enfin comprise: « Quelle hystérique tu fais; tu n'as vraiment aucun contrôle sur tes émotions. » Ou encore: « Ta réaction est vraiment démesurée; je crois que tu aurais besoin de voir un psy… » Lorsque j'entends de telles méchancetés, je crois que je serais capable de faire un malheur.

Bien que les conjoints concernés finissent presque tous par avouer que les injures et les insultes qu'ils se lancent dépassent largement la perception qu'ils ont l'un de l'autre, ces paroles, souvent prises au pied de la lettre, ne manquent pas de miner la qualité de la relation, et parfois même de la détruire complètement. Pour ceux et celles dont la confiance en soi ou l'estime personnelle s'avèrent plus fragiles, les invectives peuvent même les anéantir complètement.

Un de ces échanges particulièrement pénibles est d'ailleurs rapidement remonté à la mémoire de Louis lorsqu'il s'est retrouvé seul face à son café le dimanche matin. Ce n'est pas sans émotion qu'il s'est rappelé cette discussion au cours de laquelle Caroline, dans un élan d'exaspération et d'emportement, l'a accusé d'être égocentrique et incapable d'empathie envers les autres. Comme si cela n'avait pas suffi, elle a même ajouté qu'en matière d'introspection il souffrait d'impuissance!

Ce fut là la goutte d'eau qui a fait déborder le vase. En réaction à son débordement, je me suis emporté à mon tour, multipliant les attaques personnelles quant à son désordre. Je suis même allé jusqu'à lui dire qu'elle aurait tout avantage à se faire prescrire des médicaments pour un sérieux déficit d'attention. C'était, je l'avoue aujourd'hui, totalement malveillant et gratuit comme attaque. Je m'en veux d'ailleurs encore beaucoup.

Cette surenchère d'insultes est à ce point pernicieuse qu'il arrive même que des conjoints en viennent aux coups. Heureusement, Caroline et son conjoint ne se sont pas rendus jusque-là, bien que, à certains moments, Louis soit passé bien près de perdre les pédales. Comme lors de cette période d'ajustement entre eux, avant qu'ils décident d'avoir des enfants, au cours de laquelle ils multipliaient les discussions à propos de ce projet de voyage qu'ils rêvaient de faire ensemble.

Caroline dépensait tellement qu'il me fallait sans cesse lui prêter de l'argent à la fin du mois afin qu'elle puisse effectuer le paiement minimum sur sa carte de crédit. À la voir aller certains jours, on aurait dit qu'elle venait de gagner à la loterie. J'avais beau essayer de la raisonner, de la convaincre de se doter d'instruments de gestion pour ses finances personnelles – ce à quoi je me serais fait un plaisir de l'initier –, elle ne voulait rien entendre. Plutôt que d'y voir un moyen de réaliser le rêve que nous nourrissions, elle se contentait de me bouder en me traitant de Monsieur Parfait. Devant un tel mur d'incompréhension, je préférais alors me taire et me retirer.

HÉRITAGE ORGANIQUE

Lorsqu'il réagit de la sorte, Louis reproduit un comportement hérité de l'époque au cours de laquelle le mâle pourvoyeur devait chasser le mammouth afin d'assurer la survie de ses enfants ainsi que de celle qui leur avait donné vie. À cette période, les réflexes de fuite ou d'attaque constituaient en effet les seuls moyens qui s'offraient à l'homme, nomade et chasseur, pour survivre. Même si, de nos jours, les attaques verbales de sa conjointe ne menacent pas directement sa vie, son corps n'en réagit pas moins comme si c'était le cas : son cœur s'emballe, sa respiration s'accélère, ses mains deviennent moites et il éprouve de profonds sentiments d'inconfort.

Alors que ces situations se pressent à sa mémoire, Louis constate que l'espèce de paralysie qui le prend à ces moments-là assure à Caroline une longueur d'avance sur lui. Sa tête étant embrouillée et son corps en état d'alerte quasi permanent, les mots – et parfois même les idées – peinent à trouver leur chemin jusqu'à ses lèvres et à son cerveau. Incapable de prendre le pas sur son apathie et sa langueur, il se désengage alors de la conversation et se retire. Ce que sa conjointe considère comme de l'insolence et de l'indifférence.

Ça n'a pourtant rien à voir, se dit-il tout en faisant un peu de ménage aux endroits les plus fréquentés de la maison. S'il me tarde à ce point d'aller voir ailleurs si j'y suis, c'est pour me calmer.

Des réactions comme celle de Louis, le psychologue américain John Gottman, spécialiste des relations de couple et professeur émérite à l'Université de Washington, en a observé des centaines dans le cadre de ses nombreuses recherches effectuées sur une période s'échelonnant sur plus de trente ans. Il en est venu à la conclusion que, dans plus de 80 % des couples, ce sont les femmes qui prennent l'initiative d'aborder les sujets litigieux, et que ce sont les hommes qui, dans une proportion équivalente, se dérobent et tentent de les éviter. La raison étant que, sous des allures de mâles impérieux et invulnérables, les hommes s'avèrent génétiquement moins bien pourvus que les femmes pour faire face aux différends inhérents à leur vie de couple ainsi qu'aux disputes qui s'ensuivent.

En appui à ces observations, des mesures physiologiques, méthodiques et rigoureuses – telles que le rythme cardiaque et la tension artérielle – ont révélé que les conflits conjugaux sont plus éprouvants pour les hommes que pour les femmes. Qui plus est, non satisfaits de se retirer pour atténuer leur inconfort, beaucoup, au souvenir des malaises éprouvés, vont même faire en sorte d'éviter toute nouvelle dispute de manière à ne pas avoir à les expérimenter de nouveau.

Neil Jacobson, un collègue de Gottman à la même institution d'enseignement, avançait une hypothèse complémentaire pouvant expliquer l'appréhension des hommes à s'engager trop personnellement dans certaines discussions. Selon ce qu'il a observé, un certain nombre d'entre eux, habitués à ce que leur partenaire s'acquitte en bonne partie de l'éducation des enfants et de l'ensemble des tâches domestiques – et ce, même si elle occupe un emploi à temps plein –, font la sourde oreille aux exigences d'équité de leur conjointe, de crainte de voir leur échapper une situation qui les avantage sous plus d'un aspect.

ÉVITEMENT DOMMAGEABLE

Comme on peut le constater, dans plus d'un cas, il apparaît moins ardu à des partenaires de trouver des façons de se dérober à l'échange et à la discussion que d'aborder de front les problèmes qui les touchent pourtant au tout premier plan. Mais l'évitement, quoi qu'en pensent ses adeptes et ses défenseurs, ne fait aucunement partie des solutions à long terme. Au contraire, en plus de nourrir les conflits, le retrait ou la fuite donnent naissance à une multitude d'interprétations et de non-dits qui ne font que creuser l'écart déjà existant entre les partenaires. Caroline et Louis ont expérimenté ce genre d'imbroglio.

> *À compter du moment où nous avons commencé à nous disputer pour tout et pour rien, je me suis mise à éprouver un certain nombre d'insatisfactions au lit. Je trouvais que nos relations avaient perdu de leur piquant, que Louis, un champion des préliminaires à la période où nous baisions comme des lapins, précipitait de plus en plus ses gestes et qu'il avait moins de considération à l'égard de mes besoins de sensualité et de tendresse.*
>
> *Ce relâchement et ces inattentions ont fini par avoir raison de mon intérêt et de mon enthousiasme pour* la chose. *Lentement*

mais sûrement, j'ai cessé de prendre des initiatives et commencé à me donner des raisons pour me soustraire aux avances de Louis. Il m'est même arrivé, je l'avoue aujourd'hui, de faire semblant. Ce qui n'est pas passé inaperçu à ses yeux, j'en suis certaine. Craignant d'envenimer la situation, je me suis toutefois bien gardée d'aborder le sujet avec lui. Lorsque j'y pense aujourd'hui, je doute qu'il s'agissait là de la solution à privilégier.

Les observations de Caroline sont tout à fait fondées. Un échange franc et ouvert aurait permis à ces deux conjoints de constater à quel point les raisons de leur éloignement différaient. Alors que, à l'époque des amours fusionnels, Louis n'éprouvait aucun problème à faire montre de tolérance devant l'éparpillement récurrent de sa bien-aimée, voilà que, parvenu au stade de leur relation où la lucidité avait succédé à l'aveuglement des débuts, il sentait sa propension à se contenir atteindre ses limites. Ce qui l'a amené à la critiquer davantage et à se montrer moins attentif à son endroit. De son côté, Caroline a interprété ce changement d'attitude comme un rejet, ce qui a atténué ses ardeurs et ses désirs de rapprochements intimes. La lassitude de l'un et le mutisme de l'autre en sont ainsi venus à faire place à une escalade d'interprétations desquelles aucun d'eux ne semble plus en mesure de se dépêtrer.

CONTRAINTE ET INSISTANCE

Même si, dans le cadre d'une vie de couple, les partenaires souhaitent que les ajustements qui s'imposent dans leur façon de faire et d'agir se produisent sans qu'ils aient à insister outre mesure auprès de leur vis-à-vis, l'impatience et la frustration conduisent parfois certains d'entre eux à agir de façon à tenter d'imposer les changements désirés. Cette approche, que les spécialistes de la relation d'aide qualifient de coercitive, et que certains conjoints utilisent pour mettre fin à un différend qu'ils estiment trop pénible, est cependant loin de constituer une avenue avisée.

Ce n'est effectivement pas en menaçant l'autre, en l'intimidant ou en faisant montre d'aigreur et d'irritation à son endroit que cela le placera dans des dispositions favorables à l'ouverture et aux changements. Au contraire. Même si, par lassitude ou affliction, le partenaire apostrophé finit par céder à une forme ou l'autre de pression indue, le résultat risque d'être bien en deçà des attentes de celui ou celle qui s'est imposé à lui. C'est particulièrement le cas lorsque, dans le but d'acheter la paix, il en vient à acquiescer - en apparence du moins - aux impératifs de l'autre. La plupart du temps, on observe qu'il finit par omettre de se gouverner en conséquence. Il fait ce qu'il avait promis, mais en retard, à moitié et parfois même jamais.

Qualifiée d'agression passive, cette forme de résistance muette et contenue n'en est pas moins évocatrice du ressentiment de celui ou celle qui s'est vu dans l'obligation de plier l'échine. Ce qui a comme conséquence d'écorcher, sinon de briser la confiance, un élément fondamental de toute relation impliquant un engagement d'ordre personnel entre adultes.

Chose certaine, plus l'hostilité et la tension augmentent, moins les partenaires impliqués dans de tels affrontements se montrent capables d'enclencher et de nourrir une réflexion constructive et orientée vers une résolution avisée de leurs problèmes. Leur partialité et leur égarement les amènent même parfois à faire porter le chapeau à leur vis-à-vis, allant jusqu'à lui prêter, ouvertement ou en secret, des intentions peu louables. « Tu ne penses tout de même pas que je ne vois pas clair dans ton petit jeu. Ça fait des semaines - que dis-je, des mois ! - que tu me cherches et que tu fais exprès de me blesser », s'indignent certains. « Ses petites manigances ne m'impressionnent aucunement ; elles n'ont comme objet que d'exercer un contrôle sur ma vie », tergiversent d'autres.

Non seulement certains partenaires prétendent mieux connaître leurs vis-à-vis, au point de mieux les déchiffrer qu'ils ne sauraient le faire eux-mêmes, mais il leur arrive même de penser qu'ils sont plus habiles qu'eux à fournir une explication sur ce qu'ils vivent ou ce qu'ils pensent. De telles prétentions démontrent à quel point elle est loin derrière, l'époque de l'emballement et de la passion, où les comportements et les attitudes susceptibles d'agacer ou de déranger étaient systématiquement portés au compte des préoccupations professionnelles ou des aléas de la vie courante.

Autre temps, autres mœurs.

MESSAGES ÉQUIVOQUES

Comme si les différends et les mésententes liés à la vie de tous les jours ne suffisaient pas à miner la qualité des communications entre les partenaires, il arrive également que les attitudes de l'un, ou les comportements de l'autre, lancent des messages ambigus. Après quelques années de vie commune, Caroline et Louis ont connu ce genre d'embrouille. Celui-ci se questionne d'ailleurs toujours sur le double message que lui a envoyé, à plus d'une reprise, sa partenaire de vie.

> *Quand les habitudes et les automatismes ont pris le pas sur la spontanéité qui prévalait à nos débuts, Caroline a commencé à se plaindre en disant que je la négligeais et que je me désintéressais d'elle. Mais lorsque, pour tenter de la satisfaire, j'ai entrepris quelques rapprochements, voilà qu'elle s'est montrée résistante, sinon réfractaire. Le moins que l'on puisse dire, c'est qu'il y avait de quoi laisser un homme perplexe. C'est comme si elle se refusait à ce qu'elle avait elle-même réclamé à grand renfort de menaces et d'injonctions.*

L'apparente ambiguïté de Caroline relevait du fait que, d'un côté, elle trouvait quiétude et réconfort dans les rapprochements de Louis, tandis que, de l'autre, elle éprouvait la crainte de connaître une affliction encore plus grande si leur relation, après ce supplément d'attention, se détériorait de nouveau. En se montrant aussi ambivalente devant les efforts de Louis, elle n'a toutefois fait qu'envenimer une situation qu'elle avait pourtant été la première à déplorer.

ENVERS DE MÉDAILLE

Il ne s'agit toutefois pas là du seul facteur de méprise inhérent à la vie de couple. Ceux relevant de ce qu'il est convenu d'appeler « la face cachée » de la personnalité des conjoints sont également révélateurs de la capacité d'acceptation et de tolérance de l'un et de l'autre. Il s'agit de ces petits défauts ou imperfections qui constituent le pendant des qualités ou des mérites de chacun. D'abord séduite par la rigueur et la ponctualité exemplaires de Louis, Caroline a ainsi quelque peu déchanté lorsque, sous des traits de caractère on ne peut plus méritoires, elle a constaté que la discipline de son conjoint dissimulait une partie plus ombrageuse.

> *Il y a des moments où il pouvait se montrer d'une exigence et d'une inflexibilité qui m'enlevaient toute envie de collaborer avec lui ou d'être à ses côtés. Des fois où, si j'en avais eu la possibilité, je l'aurais placé en quarantaine pour quelques jours !*

À force de buter sur leurs travers, Caroline et Louis en sont même venus à anticiper leurs conflits et à réagir bien avant qu'ils n'éclatent. Ainsi, avant même de poser le pied dans la maison, Louis pressent désormais le fouillis qui l'attend, ce qui fait monter sa pression et baisser sa patience. Quant à Caroline, elle s'attend, peu importe les efforts qu'elle a pu déployer pour remédier à la situation, à faire l'objet de reproches sur sa façon de se gouverner dans la maison.

Il arrive même parfois que les attentes, légitimes et concrètes, d'un des conjoints finissent par constituer un obstacle à l'harmonie au sein des relations de couple. C'est le cas de ces femmes qui, après avoir longtemps déploré le manque d'implication de leur conjoint dans l'éducation des enfants ou les tâches domestiques, en viennent à le critiquer vertement parce qu'il ne s'y prend pas de la bonne manière ou que les résultats ne sont pas à la hauteur lorsqu'il s'y met enfin. Ce type de réaction, qui ne manque pas d'étonner, provient souvent du fait que, à la vue de quelqu'un d'autre effectuant des tâches qui leur sont généralement réservées, elles pensent qu'elles passent à côté de leur rôle de mère et s'en sentent coupables.

Les paradoxes faisant partie du fondement même du caractère et du tempérament de chacun, il arrive enfin que des partenaires, d'abord enthousiastes à l'idée de trouver chez l'autre la complémentarité recherchée, en viennent, par envie ou par antagonisme, à lui reprocher sa différence et sa singularité. C'est dire tout l'éventail de raisons susceptibles d'envenimer une relation qui s'annonçait pourtant des plus harmonieuses.

INCULPER UN TIERS

Par abdication, désengagement ou procrastination, il n'est également pas rare que des conjoints inculpent un tiers ou se présentent en victimes d'événements extrinsèques à leur situation. Une telle façon d'agir leur évite alors de prendre la pleine mesure de leurs responsabilités dans les difficultés qu'ils vivent. Sans vraiment s'en rendre compte, Caroline fait partie de celles qui sont tombées dans ce panneau.

« Mais pour qui elle se prend, celle-là ! a-t-elle lancé à Louis, sur un ton qui ne cachait rien de son indignation et de son mépris, au retour d'une soirée regroupant les collègues de Louis et leurs conjoints. Au temps que vous avez passé à discuter ensemble au bar – pendant qu'à la table je me tapais les sornettes de la femme de ton patron –, on aurait dit que plus rien n'existait autour de vous. Ne manquait que l'affichette "Prière de ne pas déranger", et le tableau aurait été complet ! »

Si un événement aussi banal a pris une telle ampleur, c'est qu'il prenait place dans un contexte où les relations entre Caroline et Louis commençaient à sérieusement prendre du plomb dans l'aile. Plutôt que de lui faire part directement des inquiétudes qui l'habitaient, comme la peur qu'elle avait que Louis, compte tenu de l'état de leur relation, s'intéresse à une autre femme, Caroline a préféré lancer son message par ricochet. Ce qui n'a fait que mettre en évidence le fossé d'incompréhension qui était en train de s'installer entre eux.

En plus de déplacer le problème, l'inculpation d'un tiers peut également avoir un effet pervers, soit celui de voir un partenaire se faire blâmer pour des inconforts aucunement liés à la relation. Incapable d'exprimer à son patron les frustrations que ses décisions provoquaient chez lui, Louis avait pris l'habitude, une fois rentré à la maison, de déverser son mécontentement sur Caroline.

« Je ne me sens pas considéré, répétait-il souvent, déplorant, en plus de l'incompétence de son supérieur immédiat, le peu de responsabilités qu'on lui confiait. Si ce bon à rien a réussi à obtenir ce poste de direction, c'est qu'il excelle dans le louvoiement et les tractations de coulisses. Si ce n'était les enfants et l'hypothèque à payer, il y a longtemps que je serais parti en lui disant ma façon de penser... »

Toute à la passion qu'elle lui portait au cours des premières années de leur relation, Caroline a longtemps prêté une oreille attentive et compatissante aux difficultés que vivait Louis à son travail. Elle a cependant commencé à se montrer passablement moins compréhensive et bienveillante à compter du moment où, dans un élan de colère, il lui a adressé des reproches qui auraient dû être dirigés du côté de celui qui était la cause de ses malheurs. Ce qui démontre à quel point la relation de couple est perméable à tout ce que peuvent vivre, séparément ou ensemble, les conjoints qui le forment.

VULNÉRABILITÉS PERSONNELLES

Il n'est pas nécessaire que se produisent de grands bouleversements – infidélité d'un conjoint, décès d'un enfant, revers financier, etc. – pour qu'un couple se trouve ébranlé. Il suffit que quelques vulnérabilités d'ordre personnel soient mises en cause pour que l'union peine à maintenir son point d'équilibre. Or, comme il s'agit de zones d'intimité où les conjoints se sentent particulièrement fragiles et démunis, s'ensuit alors une série de réactions qui, la plupart du temps, sont sans commune mesure avec l'importance ou la gravité des incidents déclencheurs.

Qualifiées d'« allergies psychologiques » par les psychologues américains Christensen et Jacobson, ces réactions s'apparentent aux réflexes de défense, souvent exacerbés, qu'affiche le corps humain lorsqu'il se trouve confronté à des éléments susceptibles de menacer son bien-être et sa stabilité. Dans ces moments où les émotions et les sensibilités sont mises à rude épreuve, il n'est pas rare que des conjoints, qui croyaient pourtant avoir trouvé chez l'autre la complémentarité recherchée, en viennent à penser que la vie de couple ne représente plus le lieu d'accomplissement et d'épanouissement personnels qu'ils avaient imaginé. Après quelques années à s'être crus exempts de ces tribulations, Louis et sa partenaire ont constaté qu'ils portaient, eux aussi, leur lot d'allergies psychologiques.

Ainsi, Caroline est de celles qui ont connu de grands chagrins d'amour. À deux reprises, on l'a quittée sans qu'elle ait eu droit à des explications valables, ce qu'elle a vécu comme des abandons gratuits et brutaux. Un de ceux-ci l'a même plongée dans une profonde dépression. Même si, avec le temps et les bons soins, elle s'en est remise, et que sa relation avec Louis lui a permis de faire à nouveau confiance aux hommes, elle n'en est pas moins demeurée sensible à tout ce qui avait les apparences d'un rejet ou d'un désintéressement à son endroit. Tout différend avec Louis fait ainsi remonter à la surface les séquelles qu'ont laissées en elle ces ruptures amoureuses.

« Même si j'ai appris, confiait-elle récemment à une amie, à fonctionner sans que cela m'empoisonne l'existence, la peur de l'abandon m'amène souvent à paniquer dès que je sens la tension monter entre nous. Dans ces moments-là, je ne peux m'empêcher de penser que Louis va me laisser à son tour. En fait, c'est comme si je vivais continuellement sur du temps emprunté. J'arrive la plupart du temps à prendre sur moi et à retrouver de l'assurance, mais lorsque je suis fatiguée, je retombe facilement dans mes vieux travers. Et c'est encore pire lorsque je suis particulièrement stressée. J'accuse alors Louis de ne pas être assez présent et de ne pas suffisamment me démontrer qu'il m'aime. »

Alors que Caroline a peur d'être de nouveau l'objet d'un abandon, d'autres, comme Louis, craignent de se voir étouffés par l'amour qu'on leur porte.

Jeune, j'ai trop eu à jouer au parent avec ma mère. Fragile de santé et négligée par mon père, elle s'est agrippée à moi comme à une bouée. C'est la raison pour laquelle je me montre parfois distant envers Caro. Inconsciemment, j'ai peur que, en répondant plus spontanément à ses attentes, elle envahisse mon espace vital de la même manière que ma mère l'a fait à une autre époque.

Au cours de la période les ayant menés de la passion débridée à l'amour lucide, Caroline et Louis ont plutôt bien réussi à composer avec les allergies psychologiques de l'un et de l'autre. Comme elles se manifestaient rarement au même moment et avec la même intensité, ils sont parvenus à s'accueillir et à se porter le soutien requis de façon à dénouer la tension et favoriser la compréhension et l'ouverture. La situation est cependant devenue passablement plus explosive à compter du moment où des événements ont fait ressurgir simultanément leurs sensibilités propres.

Il n'y a pas si longtemps encore, je l'ai vu quitter la maison, sans mot dire, pour aller faire son jogging. Je savais qu'il s'agissait là, pour lui, d'une façon privilégiée de réduire quelque peu la tension qu'il vivait alors à son travail. N'empêche… Il aurait tout de même pu se montrer un peu plus loquace ; ça m'aurait aidée à mieux le comprendre. Mais non ! Lorsqu'il est revenu, une heure plus tard, il s'est affalé sur son fauteuil préféré. Absorbé par le film qui venait de débuter à la télé, il ne semblait aucunement désireux, malgré mes interventions répétées, de m'en dire un peu plus sur ce qui le troublait. Pourtant, s'il s'en était donné la peine, il se serait rendu compte à quel point je vivais de la détresse. Confrontée à son mutisme, j'ai vu mes peurs d'abandon remonter d'un seul coup à la surface.

Peu enclin, comme beaucoup d'hommes de sa génération, à spontanément partager ses états d'âme, Louis a sûrement vu ressurgir, devant l'insistance de Caroline, la crainte d'être étouffé par le supplément d'attention qu'elle requérait. En cherchant à maintenir, dans un réflexe de protection, ce qu'il considérait comme une saine distance envers sa partenaire de vie, il a exacerbé chez elle la peur d'être abandonnée. Ils se sont par conséquent retrouvés dans une dynamique d'interaction dont les conséquences sont néfastes. Tout en s'appliquant à ce que rien n'y paraisse, ils se sont même surpris à penser, de part et d'autre, que la séparation, et peut-être même le divorce, pourrait constituer une avenue leur permettant de s'extirper de ce cercle vicieux. Ce qui démontre à quel point les vulnérabilités personnelles peuvent constituer d'importants facteurs de risque dans une vie de couple.

Dans leur ouvrage *La Thérapie des schémas – Approche cognitive des troubles de la personnalité,* les psychologues Jeffrey E. Young, Janet S. Klosko et Marjorie E. Weishaar tracent un portrait fort intéressant des différentes vulnérabilités personnelles susceptibles d'affecter une vie de couple. Un sommaire de celles qui sont les plus fréquentes est présenté en fin de chapitre.

LE FOSSÉ SE CREUSE

À force de voir leurs discussions achopper sur un aspect ou l'autre de leurs vulnérabilités ou de leurs incompatibilités, il n'est pas rare que des conjoints en viennent à se décourager et à vouloir abandonner la partie. Désireux de ne pas accroître les souffrances émanant de leur mésentente, beaucoup préfèrent rompre le dialogue et se replier sur eux-mêmes. Ce qui ne fait qu'ajouter aux embrouilles existantes et priver les partenaires de solutions appropriées.

Convaincus que leur insistance ralliera leur vis-à-vis à leur point de vue, d'autres persistent cependant à reconduire les échanges. Si cette insistance à poursuivre les dialogues n'a pas été revue ou éclairée par un thérapeute spécialiste en la matière, elle risque de confondre davantage les partenaires concernés, allant même jusqu'à les amener à se disputer sur leur façon de se disputer. Loin d'améliorer leurs chances de parvenir à une solution éclairée et négociée, ils risquent ainsi de se retrouver tout aussi dépourvus et affectés que ceux et celles qui ont abandonné la partie.

Quelques-uns, enfin, comme Caroline, ont le réflexe de lever un drapeau rouge avant que la situation ne présente plus d'issues possibles ou que des solutions plus radicales s'imposent d'elles-mêmes. Il s'agit là d'un geste courageux, exigeant une bonne part d'abnégation, et qu'il importe de saluer. Mais encore faut-il qu'une telle initiative trouve écho chez le partenaire concerné et que tous deux saisissent l'importance des enjeux en cause. Ce qui est loin d'aller de soi.

Comme Caroline et Louis ont été à même de le constater lors de cette pause improvisée, le couple qu'ils constituent aujourd'hui n'est plus tout à fait le même que celui qu'ils formaient au moment où la passion leur donnait l'impression d'être exempts à jamais de toute désillusion. Une fois retombés sur terre, ils se sont rendu compte qu'ils n'étaient pas aussi parfaits qu'ils l'avaient imaginé et qu'il leur faudrait une bonne dose de compréhension et de renoncement pour s'accepter tels qu'ils étaient. Les impératifs inhérents à la vie quotidienne ont constitué un premier appel en ce sens. L'arrivée des enfants leur a montré qu'il s'agissait là d'un détour obligé.

Bien que Caroline et Louis ne soient pas encore parvenus à un stade d'abattement et de lassitude où les ajustements et les retours en arrière ne seraient plus possibles, leur couple connaît une forme d'épuisement amoureux qui est de nature à inquiéter. Ils se portent toujours un minimum de considération et de respect mutuels, mais force est de reconnaître qu'il en faut bien peu pour que leur patience et leur tolérance atteignent leur limite. S'ils n'apprennent pas à tirer la leçon des prises de conscience qu'ils viennent de faire, ils risquent de courir jusqu'à l'épuisement total, soit celui qui fait place aux remises en question les plus accablantes pour les conjoints et les plus menaçantes pour le couple qu'ils forment.

RETOUR APPRÉHENDÉ

Dimanche soir, la tête à demi enfouie dans l'encolure de son manteau, des lunettes fumées pour cacher ses yeux rougis par les larmes et le manque de sommeil, Caroline est en route pour rentrer à la maison. Même si elle a un peu le tournis en pensant à tout ce qui lui a trotté dans la tête au cours des derniers jours, elle estime avoir bien agi en faisant ce petit pas de côté. Elle songe même à récidiver, ne serait-ce que quelques heures par semaine.

Il y a Christine, se dit-elle, qui depuis des mois insiste pour que je l'accompagne à ses cours de yoga. Peut-être serait-ce là une belle occasion de faire de l'exercice, de changer de décor, de rencontrer des gens qui ont d'autres types d'intérêts et, surtout, de causer avec quelqu'un qui se montre disposé à m'écouter sans me faire de reproches et se croire obligé de me prodiguer des recommandations. Je lui en parle dès demain en arrivant au travail.

Désireux de faire montre d'ouverture et de bonne volonté, Louis s'affaire pour sa part à concocter quelques préparations en prévision des lunchs de la semaine. Si Caroline semble tirer satisfaction de ces quelques heures passées en marge de l'univers familial, il en est tout autrement pour lui. Sans verser dans l'anxiété et la panique, il nourrit une inquiétude persistante quant aux incidences que pourrait avoir cette minipause dans ce qui constitue leur dynamique familiale.

Et si c'était là un test que Caroline a voulu faire ? Et si elle s'était rendu compte qu'elle peut faire sa vie sans nous ? Sans moi !

Saisi d'agitation à la seule évocation de cette idée, il échappe le couteau avec lequel il s'affairait, se faisant une légère entaille au pouce gauche.

Non, tout de même, pense-t-il en se dirigeant vers l'armoire à pharmacie pour prendre un pansement adhésif. Je ne peux pas croire que nous en sommes rendus là. Caroline n'est pas du genre à laisser tout tomber d'un seul coup. Nous allons nous en sortir, c'est sûr, il s'agit juste d'une mauvaise période à passer. Attendons, le temps arrange parfois bien les choses…

Partagés entre leur hâte de retrouver les enfants et la crainte de ne pas être saisis d'enthousiasme à la vue de leur conjoint, tous deux cherchent une façon d'afficher une allure convenue et de s'accrocher un sourire au visage pour que Justine et Thomas ne se rendent compte de rien. Même si l'un et l'autre des conjoints qui s'apprêtent à se retrouver reconnaissent que les vingt-quatre dernières heures n'ont rien réglé de leurs problèmes, ils savent maintenant très bien qu'ils sont arrivés à une croisée des chemins.

L'atmosphère appelée à teinter les jours à venir s'annonce aux couleurs des prévisions météo de ce début décembre : dépression passagère, bourrasques de vent susceptibles de se transformer en rafales occasionnelles, refroidissement des températures pouvant entraîner un cocktail de précipitations importunes.

La prudence est de mise sur les chemins de traverse, car les dérapages risquent de se multiplier !

LISTE DES VULNÉRABILITÉS PERSONNELLES SUSCEPTIBLES D'AFFECTER UNE VIE DE COUPLE

Adaptée de l'ouvrage *La Thérapie des schémas – Approche cognitive des troubles de la personnalité,* Jeffrey E. Young, Janet S. Klosko et Marjorie E. Weishaar, éd. de Boeck, Bruxelles, 2005.

Les schémas dont il est question dans la liste qui suit font référence à des émotions, des apprentissages, des souvenirs et des dispositions ayant contribué à esquisser les contours d'une personnalité donnée. Certains contextes de vie, comme le mariage ou le concubinage, sont particulièrement favorables à la résurgence de l'un ou l'autre de ces schémas. La réactivation des vulnérabilités qui s'y trouvent associées s'avérant particulièrement douloureuse, la réaction des conjoints concernés peut varier de la paralysie à la lutte en passant par la fuite.

Abandon – Les personnes correspondant à ce schéma sont constamment animées de la peur de voir leur conjoint les quitter ou leurs proches les écarter de leur vie. Le moindre éloignement déclenche en elles un désarroi sans commune mesure avec les faits. L'appréhension du rejet les amenant à trop s'accrocher à ceux qu'elles aiment, elles provoquent souvent ce qu'elles craignent le plus.

Méfiance et abus – Habitées de la peur d'être manipulées, trompées ou abusées de différentes manières, les personnes correspondant à ce schéma développent une méfiance telle qu'elles en viennent à éviter toute relation affective impliquant un engagement manifeste. Les vulnérabilités qui leur sont propres les poussent parfois même, par esprit de vengeance ou élan de victimisation, à s'attacher à des personnes qui les briment et les malmènent.

Dépendance – Meurtries de s'être fait discréditer ou avilir au moment où elles cherchaient à s'affirmer et à acquérir leur autonomie, les personnes correspondant à ce schéma se reconnaissent, une fois devenues adultes, à leur difficulté à vivre sans l'approbation et le soutien de quelqu'un d'autre. Incapables de prendre quelque initiative, elles recherchent constamment des modèles rassurants.

Vulnérabilité – Souvent éduquées par des parents surprotecteurs, qui considéraient le monde qui les entourait comme un univers chargé d'écueils et de dangers, les personnes correspondant à ce schéma, en plus de nourrir des craintes irréalistes et non fondées, appréhendent sans cesse une catastrophe imminente.

Carence affective – Convaincues que rien ni personne n'arrivera à combler leurs besoins affectifs, les personnes correspondant à ce schéma multiplient les relations insatisfaisantes, intensifiant du coup le vide qu'elles ressentent. Peu portées à montrer leurs émotions, mais promptes à verser dans le ressentiment, elles en viennent à éprouver d'intenses sentiments de solitude.

Exclusion – Habitées d'un profond sentiment d'infériorité émanant de rejets qu'elles ont expérimentés alors qu'elles baignaient encore dans l'enfance, les personnes correspondant à ce schéma en viennent à fuir la compagnie des autres et à s'isoler presque totalement.

Imperfection – Réprouvées et désavouées plus souvent qu'à leur tour au cours des premières années de leur vie, les personnes correspondant à ce schéma se reconnaissent à la conviction qu'elles ont développée d'être indignes, imparfaites et parfois même odieuses. Craignant que leurs présumées déficiences les discréditent auprès de partenaires potentiels, elles se refusent, par crainte du rejet, à tous genres de sentiments amoureux.

Échec – Souvent considérées comme inaptes ou incompétentes au moment où elles faisaient leur apprentissage de la vie, les personnes correspondant à ce schéma, peu enclines à se faire confiance, en viennent à appréhender les échecs au point de refuser de s'engager.

Assujettissement – Par crainte d'être châtiées ou laissées pour compte par ceux et celles à qui elles souhaitent inspirer quelque sentiment, les personnes correspondant à ce schéma consentent à ce que les gens qui ont découvert leurs failles les exploitent et les dominent sans vergogne.

Abnégation – Parce qu'elles s'en sentent davantage responsables que s'il s'agissait des leurs, les personnes correspondant à ce schéma sont spontanément portées à mettre leurs besoins de côté afin de satisfaire, en priorité, ceux des autres. Elles éprouvent, par conséquent, de nombreuses difficultés à se retrouver dans le cadre d'une vie à deux.

Perfectionnisme – Objets d'attentes disproportionnées au moment où elles étaient encore totalement dépendantes de leurs parents et de leurs éducateurs, les personnes correspondant à ce schéma en sont venues à développer des attentes démesurées, tant envers les autres qu'à l'égard d'elles-mêmes. L'inadéquation de leurs aspirations par rapport à la réalité les entourant a souvent comme conséquence de les tenir à distance de bonheurs simples et de petits plaisirs émanant de la vie quotidienne.

Impérialisme – De nature généralement peu disciplinée, les personnes correspondant à ce schéma se reconnaissent à la tendance qu'elles ont à imposer des exigences, tout aussi irréalistes que farfelues, à leur entourage. Incapables de prendre la mesure de leurs revendications, elles ont du mal à mériter la sympathie et l'affection de leur entourage.

CHAPITRE 5
Stopper l'escalade

« Louis, ça ne peut plus continuer comme ça. Depuis un bon moment déjà, on n'a plus de plaisir ensemble, on arrive difficilement à trouver des intérêts communs et on vit presque comme des étrangers. Si nous ne provoquons rien, la seule chose que nous allons réussir à faire, c'est de continuer à nous prendre aux cheveux pour tout et pour rien. Et de ça, j'en ai plein le dos. On se parle et on trouve une solution, ou on continue de faire semblant et on file droit dans le mur. »

Vingt-quatre heures après son week-end d'isolement, Caroline a décidé de prendre le taureau par les cornes. Après avoir subtilisé la télécommande des mains de Louis et fermé le téléviseur, elle estime que le temps est venu de réagir avant que la situation dégénère davantage et que la relation qu'elle s'est employée à fonder et à développer avec lui atteigne un point de non-retour. L'embarras et les malaises teintant les rares échanges qu'ils ont eus depuis son retour l'ont convaincue qu'il est devenu pressant de passer à l'action.

« Est-ce que tu te rends compte, Louis, que nous ne sommes plus que deux étrangers réduits à leurs rôles de parents et de travailleurs ? Nous faisons ce que nous avons à faire et nous retournons, chacun de notre côté, à nos petites affaires : toi, à ton sport et à la télé ; moi, à mes magazines de mode et à mes expositions au musée. J'ai l'impression que nous sommes tous les deux pris dans un cercle vicieux. Ce qui m'amène à penser que, sans aide ou soutien extérieur, il nous sera impossible de nous en sortir.

— Voyons, Caro, je veux bien croire que notre situation n'est pas idéale et que ce n'est pas le paradis tous les jours, mais ce n'est quand même pas si grave que ça. À voir et à entendre nos amis et les collègues qui sont en couple eux aussi, je constate qu'ils vivent sensiblement la même chose que nous. Je ne vois pas comment un barbu à lunettes, qui ne nous connaît même pas, pourrait nous aider. Et puis, tu sais, moi, me confier à un étranger…

— As-tu autre chose à proposer, alors ? »

Constatant que, pour Caroline, le statu quo ne représente aucunement une option valable, Louis n'a d'autre choix, faute de solution de rechange à offrir, que de se ranger à sa proposition. Mais il n'en demeure pas moins réticent à l'idée de se retrouver dans un bureau de psy, ce qui l'amène à espérer en secret que l'initiative échoue le plus rapidement possible. De cette façon, il se croira en droit de mettre fin rapidement à la démarche en imputant la responsabilité de l'échec à celle qui y voit présentement une ressource d'intérêt susceptible de les aider à voir plus clair dans leur situation. Il s'entend déjà servir à Caroline des propos du genre : « Tu vois, je te l'avais bien dit que ça ne donnerait rien… »

APPUI DISPONIBLE

Comme c'est le cas pour Caroline – et pour Louis, d'une certaine manière –, la détresse et la confusion que sème l'épuisement amoureux sont révélatrices de l'impasse dans laquelle se trouve coincée une relation de couple. Puisque l'épuisé n'y voit plus clair, l'anxiété qui en résulte l'empêche de faire la part des choses. C'est pourquoi une aide externe est souvent indiquée afin de l'aider à s'extirper du tourbillon dans lequel il se trouve, à prendre du recul par rapport à sa déception et à considérer d'autres façons d'aborder les difficultés qui ont pris, au fil du temps, une ampleur inquiétante.

Il n'est en effet pas rare que des conjoints arrivent à se perdre de vue. Avec le cumul des années et le poids grandissant des responsabilités, beaucoup en viennent à ne plus voir l'importance de l'autre dans leur vie. Les irritants du quotidien finissent par occuper toute la place, dirigeant le regard uniquement sur les aspects les plus agaçants de la personnalité ou du comportement du partenaire. Ce qui entraîne inévitablement un éloignement émotionnel et affectif.

Malgré l'image romantique que donnent à voir et à rêver nombre de films et de romans, les relations homme-femme sont inévitablement empreintes de résistances et d'antagonismes. Les recherches de Gottman viennent d'ailleurs confirmer que les gens heureux ont aussi des conflits. Selon ce qu'on en sait, les partenaires qui se disent malheureux au sein de leur relation de couple présentent, dans un rapport de un à cinq, des comportements négatifs à l'endroit de leur vis-à-vis.

Le rôle du psychologue ou du psychothérapeute consiste à aider les conjoints qui vivent des conflits pénibles et récurrents en mettant à leur disposition un certain nombre d'outils et de ressources afin de réduire l'intensité et la fréquence de leurs disputes, de rétablir la paix le plus rapidement possible après une querelle, de prévenir les escalades et les dérapages qui blessent et qui laissent des traces, de mieux composer avec leurs différences et, enfin, d'empêcher que leurs mésententes n'entachent d'autres facettes de leur relation.

La toute première rencontre a d'ailleurs permis à Louis de constater que la perception qu'il se faisait de l'univers de la relation d'aide méritait peut-être d'être revue.

Une fois la mise en contexte effectuée, je me suis informé auprès de la psy pour savoir à quel moment elle comptait aborder le sujet de notre sexualité. C'est alors que, en réponse à ma question, elle m'a demandé si j'avais des problèmes d'érection, d'impuissance, d'éjaculation précoce, ou si Caroline souffrait de vaginisme, d'anorgasmie ou de douleurs persistantes pendant et après la pénétration. Comme ce n'était pas le genre de complications que nous connaissions, elle m'a tout simplement dit que nous ne discuterions pas de sexualité. Ce qui n'a pas manqué de me laisser perplexe.

Elle m'a alors expliqué que, si je souhaitais voir se multiplier nos rapports sexuels, nous aurions tout avantage d'abord à nous prendre aux cheveux moins souvent, le désir des femmes étant étroitement lié à la qualité de la relation en général. « Croyez-vous vraiment qu'il y ait un intérêt à vous retrouver au lit plus souvent avec elle, si Caroline se montre passive et n'y trouve pas son plaisir parce qu'elle est meurtrie par vos paroles ou vos attitudes ? » s'est-elle permis d'ajouter. Dans mon cas, j'aurais pensé que c'est en faisant l'amour plus fréquemment que nos rapports gagneraient en intensité, mais l'interrogation qu'elle a soulevée s'est avérée suffisamment pertinente pour me convaincre de m'impliquer sérieusement dans la démarche.

Comme a pu rapidement le constater Louis, le but d'une consultation auprès d'un spécialiste de la relation d'aide n'est pas d'amener les partenaires concernés à éviter les situations conflictuelles ou à se soustraire aux échanges potentiellement musclés ou délicats, mais d'éviter qu'ils se déchirent davantage et de les familiariser avec différentes stratégies d'interaction constructive leur permettant d'aller au-delà de leurs différends de façon à trouver des solutions appropriées à leur situation. La série de rencontres que leur a proposé de suivre la jeune psychologue qui leur avait été recommandée par leur médecin de famille a effectivement permis à Caroline et Louis de prendre du recul et de l'assurance à l'égard de ce qu'ils vivaient.

LA QUÊTE D'UN INTERVENANT DE QUALITÉ

Le fait de se tourner vers un spécialiste de la relation d'aide peut sembler s'imposer d'office pour qui est en mesure de s'offrir de tels services. Étant donné l'étendue du spectre des thérapies offertes, la démarche est cependant plus complexe et risquée qu'il n'y paraît.

La solution la plus simple et la plus efficace consiste à se tourner vers un professionnel reconnu - psychologue, psychothérapeute, travailleur social ou psychiatre -, dont la pratique est réglementée par un ordre ou une corporation. Ainsi, ceux et celles qui font partie de l'Ordre des psychologues du Québec (OPQ) doivent détenir une maîtrise ou un doctorat d'une institution reconnue et avoir suivi des stages d'évaluation et d'intervention supervisés par des autorités compétentes. Les psychologues sont également tenus de se conformer à un code de déontologie qui énonce les conduites à suivre afin que la personne qui consulte se sente respectée et qu'elle soit assurée de recevoir un service de qualité. L'Ordre ayant d'abord pour mission de protéger le public, les clients insatisfaits ont toujours le loisir de déposer une plainte au syndic qui, s'il la juge recevable, est en mesure de mettre en place une procédure de réprimande à l'égard du membre concerné.

Dans le cadre d'une telle démarche, il importe cependant que les conjoints intéressés orientent leur recherche vers un professionnel spécialisé en thérapie conjugale, qui dans sa pratique quotidienne rencontre régulièrement des couples aux prises avec le genre de problèmes auxquels ils font face. Dès le premier contact téléphonique, il leur est fortement conseillé de poser des questions sur la formation et les compétences de l'intervenant en question, sur sa familiarité avec le sujet, sur l'approche qu'il privilégie, sur le déroulement de la thérapie de même que ses tarifs. S'il ne répond pas de manière satisfaisante, si le contact est plutôt froid ou si la démarche proposée semble vague ou farfelue, il ne faut alors pas hésiter à diriger les recherches ailleurs. Une façon efficace d'éviter les déceptions et les pertes de temps consiste à prendre conseil auprès d'un membre de l'entourage ayant déjà fait l'expérience auprès d'un thérapeute reconnu.

D'autre part, comme il existe différentes approches en psychothérapie - chacune comportant ses forces et ses faiblesses -, il est important que les conjoints qui optent pour la consultation se sentent en confiance avec la personne vers qui ils se tournent. Ils ne doivent surtout pas hésiter à lui faire part des attentes qu'ils nourrissent par rapport à la démarche proposée. Elle est là pour les aider à établir des objectifs communs - par exemple, faciliter les échanges, donner un sens à cette crise, faire un bilan de la relation, tenter une réconciliation ou envisager convenablement une séparation -, de même que pour doter les partenaires de moyens concrets et efficaces pour les atteindre.

Le rôle du psychologue ou du psychothérapeute est de ramener les attentes de chacun des conjoints à des dimensions réalistes et de leur fournir les outils nécessaires à une saine reprise en main, l'objectif ultime consistant à leur permettre de prendre les décisions qui s'imposent et, pour certains, d'accomplir les gestes susceptibles de les rapprocher ou, pour d'autres, de rompre ce qui n'a plus aucune chance de se rétablir. Étant donné qu'elle implique une incursion dans l'univers des émotions et de l'affectivité, il s'agit d'une ressource qui comprend une certaine part de risques, et dont le succès n'est aucunement garanti, mais qui mérite toutefois d'être prise en compte.

ARRÊTER AVANT DE DÉRAPER

On dit souvent qu'il n'y a pas plus irrespectueux entre eux que des gens qui sont en couple. Aussi paradoxal et étonnant que cela puisse paraître, plusieurs raisons expliquent ces comportements déplorables. Tout d'abord, comme tout un chacun, les hommes et les femmes qui sont en couple aiment bien avoir raison et, si possible, ne jamais avoir tort. Ce qui constitue une expectative en tous points futile, car les obstinations et les ultimatums ne font qu'aviver les tensions et accentuer les fermetures de cœur et d'esprit.

Lorsqu'ils réalisent que la discussion ne va nulle part, qu'ils risquent de prononcer des paroles blessantes et d'adopter des comportements offensants, ce type de partenaires trouveraient avantage à faire une pause dans leurs échanges afin de stopper l'escalade et de désamorcer la tension. Même si cela semble évident, il ne s'agit pas pour autant d'un geste facile à effectuer. Plusieurs raisons expliquent cette difficulté. Certains, estimant qu'ils n'ont pas été suffisamment entendus, considèrent qu'ils ont encore plein de choses à dire ; d'autres craignent que leur vis-à-vis, après une première compromission difficile, ne se montre plus désireux de poursuivre les échanges ; d'aucuns appréhendent que de nouveaux échanges du genre soient automatiquement voués à l'échec ; un certain nombre redoutent que, pour compléter ce qui a été amorcé ou pour pousser plus loin les discussions, il leur faille s'imposer et faire pression sur leur partenaire ; d'autres enfin frémissent à l'idée que les fermetures provoquées par un conflit non réglé s'inscrivent dans le temps de manière permanente.

Comme on peut s'en douter, je vivais très mal cette interruption temporaire dans notre communication. C'était comme une coupure de courant activant ma vulnérabilité à l'abandon. J'avais le sentiment que Louis allait se lasser de moi, cesser de m'aimer et me quitter comme mes anciens amoureux l'avaient fait. Évidemment, ces pensées généraient en moi énormément d'anxiété et je tentais par tous les moyens de rétablir le contact avec lui.

Lorsqu'un des deux conjoints se rend compte qu'il est temps de mettre un terme, ne serait-ce que de façon temporaire, à une discussion qui semble engagée sur une pente glissante, les expressions et les mots employés revêtent une importance de premier plan. Des phrases toutes simples comme « Je pense qu'on devrait prendre une petite pause », « Je ne me sens pas assez bien pour continuer » ou « Je ne voudrais surtout pas que ça dérape » sont porteuses d'infiniment plus de pouvoir d'apaisement et de conviction que des invectives du genre : « Vois comme tu es insensible et comme tu ne comprends rien à ce que je te dis. »

Mais l'initiative, aussi louable soit-elle, risque de tomber à plat si elle n'est pas accompagnée d'un projet de relance. Le conjoint qui prend sur lui de mettre momentanément un terme à l'échange serait en effet avisé de proposer un moment précis – idéalement le jour même ou le lendemain – pour reprendre la discussion laissée en plan. Le fait de vouloir poursuivre la conversation dans de courts délais évite que l'un ou l'autre se mette à élaborer toutes sortes d'interprétations malheureuses par rapport à ce qui s'est dit. Cette façon de procéder permet également de rassurer celui ou celle qui souhaite poursuivre l'échange sur le fait que cette mesure préventive ne constitue en rien une forme déguisée de fuite ou de désistement.

Bien que l'interruption temporaire des discussions constitue une méthode laissant croire aux bonnes intentions de celui ou celle qui en prend l'initiative, il arrive que la charge émotive s'étant emparée de l'un ou l'autre partenaire en cours d'échange devienne trop forte pour qu'il puisse exprimer quoi que ce soit avant de se retirer pour retrouver son calme. Un couple connaissant ce genre de situation aura alors avantage à convenir d'une entente préalable établissant que le conjoint qui se retire pour se calmer se rend du fait responsable du retour ultérieur à la discussion, par exemple, lorsque les enfants sont au lit.

Cela dit, il ne s'avère pas nécessaire d'effectuer un retour sur toutes les disputes qui peuvent prendre place à l'intérieur d'une vie de couple. Lorsqu'un conflit est plus isolé, qu'il ne risque pas de se répéter ou qu'il n'a pas généré d'émotions disproportionnées, les conjoints peuvent convenir de ne pas en reparler. Il leur revient de juger si cette mésentente est suffisamment digne d'intérêt pour qu'il vaille la peine d'y revenir. D'ailleurs, il arrive souvent que ce ne soit pas nécessairement l'objet du conflit qui suscite le désaccord, mais plutôt le contexte existant: fatigue accumulée, soucis émanant du travail, préoccupations liées à la famille élargie, etc. Il importe toutefois que les deux partenaires soient d'accord pour considérer l'altercation comme étant close. Si l'un des deux souhaite reprendre la discussion, il faut alors trouver un moyen de le faire.

RETRAIT TEMPORAIRE

D'autre part, ce n'est pas parce que des partenaires de vie mettent fin, ne serait-ce que quelques heures, à une altercation les opposant que la tension qui régnait va s'en trouver automatiquement dissipée. Il arrive que l'interaction soit à ce point devenue irritante qu'un des deux se sent incapable de supporter plus longtemps la présence de l'autre à ses côtés. Avant que des gestes disgracieux soient effectués ou que des paroles malheureuses soient prononcées, il peut être alors indiqué que le plus affecté des deux quitte les lieux, le temps de reprendre ses esprits.

Il est cependant impératif que ce dernier, avant de se retirer pour faire une marche, rouler à vélo ou entreprendre une balade en auto, informe celui ou celle qu'il laisse en plan de l'endroit où il va et du moment où il prévoit être de retour. Trop de gens se retirent sans mot dire, croyant ainsi exercer une forme de vengeance à l'endroit de l'autre. « Tu vas voir ce que ça fait de se retrouver face à quelqu'un qui ne veut rien entendre », se disent-ils en secret. Bien qu'elle conforte, l'espace d'un court instant, le dissident dans son orgueil, cette façon de procéder ne fait qu'ajouter l'inquiétude et l'animosité au désarroi de celui ou celle qui reste à la maison. Au lieu de faire progresser la discussion, un comportement aussi acrimonieux ne fait guère mieux que de raffermir les partenaires dans leur position respective.

Dès les premiers instants de leur mise en retrait, il importe que les partenaires ayant choisi, d'un commun accord, de mettre temporairement fin à une discussion qui ne faisait qu'exacerber leur colère ne se limitent pas à ronger leur frein et se consacrent plutôt à des activités susceptibles de les distraire et de les ramener au calme. Certains préféreront s'activer physiquement - marche rapide, course, entraînement en salle, etc. - tandis que d'autres choisiront de se tourner vers des passe-temps susceptibles d'occuper leurs pensées et leur esprit - lecture, musique, cinéma, etc. Un sportif comme Louis pourrait ainsi en profiter pour faire une séance de jogging tandis que Caroline pourrait tirer avantage d'un tel moment pour visionner à l'ordinateur la superproduction qu'elle a récemment ratée alors qu'elle était projetée au grand écran.

Il n'est pas nécessaire d'entreprendre des choses qui sortent de l'ordinaire pour amorcer le retour au calme ; de toutes petites initiatives suffisent bien souvent à faire le travail. Les études effectuées par Gottman indiquent que le corps, une fois soustrait à la tension émanant d'échanges trop acrimonieux, met à peine une vingtaine de minutes à s'apaiser. Encore faut-il, bien entendu, que les conditions évoquées précédemment aient été respectées.

Ce qui importe avant tout, une fois la pause opérée, c'est qu'aucun des partenaires impliqués ne se mette à alimenter à l'endroit de l'autre des reproches et des blâmes du genre : « Ce n'est qu'un manipulateur qui cherche à me contrôler » ou « C'est une hystérique qui n'arrive pas à maîtriser ses émotions. » De telles accusations, gratuites et arbitraires, n'ont pour autre effet que d'accroître l'éloignement et de compliquer le rapprochement.

DÉSAMORÇAGE ET RÉAJUSTEMENT

Heureusement, les différends entre conjoints ne génèrent pas toujours un niveau de tension nécessitant une pause momentanée dans les échanges. Dans beaucoup de cas, même si l'interaction se trouve en proie à de vigoureuses secousses, il demeure possible de faire baisser la pression sans que l'un ou l'autre des partenaires sente le besoin de se retirer.

Encore là, la personnalité et le caractère de chacun jouent un rôle de toute première importance lorsque vient le temps d'apporter certains ajustements à ce qui se dit et se transmet. Certains, plus hésitants et introvertis, peinent à s'affirmer et à faire état de leurs malaises ouvertement, tandis que d'autres, plus assurés et exubérants, ne craignent pas de s'exprimer sans filtre et sans retenue. Il importe donc de trouver les harmonies qui conviennent. Afin de pallier ces différences relevant des personnalités de chacun, il existe plus d'une formule langagière permettant de désamorcer une discussion qui s'envenime. En voici quelques-unes :

Désolé, j'ai réagi trop fort ; ça manquait de tact. Laisse-moi t'expliquer ma pensée autrement.

Excuse-moi, je vais te le répéter plus calmement.

Ce n'est probablement pas ton intention, mais ce que tu me dis me peine passablement.

Peut-être que je me trompe, mais serais-tu en train de me dire que…

Pourrais-tu me parler de ce que tu veux à la place ?

Merci de me dire comment je pourrais améliorer les choses.

S'il te plaît, peux-tu me le dire plus gentiment ?

Je n'avais jamais considéré les choses sous cet angle-là. Je vois tout à fait ce que tu veux dire maintenant. C'est en tous points sensé et je me range à ton point de vue.

Peut-on accepter d'être en désaccord ?

C'est important pour moi, j'aimerais que tu m'écoutes.

Je sais que c'est difficile d'entendre ce que j'ai à te dire, mais je crois que ça vaut la peine que tu prêtes attention à mes propos.

Je n'ai rien contre les conseils, mais j'aimerais seulement que tu m'écoutes.

Il est bon de noter que ces formes d'expression produiront d'autant plus l'effet escompté si elles sont corroborées par une attitude laissant croire à la compassion et à la bienveillance de celui ou celle qui s'exprime. Il peut s'agir, dans des situations comme celles-là, du simple fait de regarder l'autre droit dans les yeux, de poser une main sur son bras, de se présenter les mains ouvertes, etc.

ACCEPTATION ET ENGAGEMENT

La psychologie étant un domaine en constante évolution, de nouvelles approches ne cessent de voir le jour dans le but d'aider les gens à mieux composer avec ce qui empoisonne leur vie et ce qui gâche les relations avec leur entourage. L'une d'elles, mise en avant par le psychologue américain Steven C. Hayes, et connue sous le nom de Thérapie d'acceptation et d'engagement – Acceptance and Commitment Therapy (ACT) –, s'intéresse au rapport souvent faussé qu'une personne entretient avec ses pensées et la réalité objective.

Un des objectifs de la Thérapie d'acceptation et d'engagement consiste à amener une personne à prendre de la distance par rapport à certaines de ses pensées, à ne plus considérer machinalement qu'il s'agit de représentations exactes de la réalité environnante et à les observer au lieu de les laisser automatiquement fonder ses jugements et guider ses actions. En se donnant un tel recul, il lui devient ainsi plus facile de choisir la façon dont elle réagira par la suite.

Lorsqu'elle se trouve en état de *défusion* – c'est le terme utilisé par les tenants de l'ACT pour définir cette prise de distance mentale –, la personne se prêtant à l'exercice est appelée à reconnaître que ses pensées ne sont que le reflet de mots, de sons, d'histoires et de fragments de langage, qu'elles ne correspondent pas nécessairement à des réalités objectives et observables et qu'elles ne sont pas toutes d'égale importance. Ceux et celles qui souhaitent établir des relations enrichissantes ou raffermir celles déjà existantes, comme c'est le cas pour les conjoints vivant une forme ou l'autre d'épuisement amoureux, trouveront par conséquent avantage à apprendre à se dissocier de certaines de leurs pensées.

Dans ses ouvrages intitulés *L'Amour engagé* et *Le Piège du bonheur*, Russ Harris, médecin et psychothérapeute spécialisé dans la gestion du stress, propose un exercice fort intéressant pour mieux saisir en quoi consiste la Thérapie d'acceptation et d'engagement. Imaginez un instant que vos mains représentent vos pensées, explique-t-il. Placez-les à distance devant vous, l'une à côté de l'autre, paumes vers le haut, comme les pages d'un livre ouvert. Vous remarquerez que vous pouvez clairement voir vos mains ainsi que les différents éléments se trouvant dans la pièce où vous êtes. Et, dans un second temps, poursuit-il, rapprochez-les lentement de votre visage jusqu'à ce qu'elles le touchent et qu'elles vous couvrent complètement les yeux. Puis considérez ce que vous voyez, à compter de ce moment, autour de vous. Vous pourrez sans doute distinguer quelques petits objets à travers les interstices de vos doigts, mais la majeure partie de ce que vous aviez perçu un peu plus tôt vous échappera.

Cet exemple illustre bien ce qui se produit lorsqu'un conjoint se laisse convaincre du bien-fondé des interprétations qu'il en est venu à faire à la suite de frustrations et de blessures cumulées. L'exemple des mains qui se referment représente le filtre des critiques et des jugements sans appel qu'il porte sur son partenaire. À force de s'y complaire, il s'y empêtre tellement qu'il perd tout recul par rapport à son vis-à-vis et à la situation qu'il déplore. La thérapie dite de *défusion* – terme inspiré du vocable anglais *to defuse*, faisant référence au geste de désamorcer un piège et de reconsidérer un type de langage utilisé – amène ce genre de conjoint à éloigner les mains de son visage, autrement dit à se dissocier des considérations avilissantes qu'il en est venu à nourrir à l'endroit de l'autre, afin de porter un regard plus équitable et juste sur son partenaire.

Par contre, il ne s'agit pas de nier la réalité en faisant abstraction de ce qui nous dérange chez l'autre. À l'aide d'exercices inspirés par les techniques de Harris, Caroline et Louis sont arrivés à se dégager de quelques-unes de leurs pensées négatives.

> *Lorsque Caroline me faisait suer avec ses demandes affectives ou son manque d'organisation et de discipline, il m'est arrivé de me montrer très sévère à son endroit, estimant qu'elle souffrait d'un déficit d'attention ou qu'elle se foutait de moi. Avant que m'échappent des paroles désobligeantes, j'alternais alors quelques petits exercices assez simples qui m'aidaient à me libérer de l'emprise de ces pensées néfastes. À certains moments, je me disais : « Tiens donc, voici revenir la scène de la Caroline imparfaite. Il ne manquera pas d'action au théâtre ce soir… » À d'autres, je formulais un message positif dans ma tête en l'agrémentant d'un air bien connu des Beatles :* « She loves you, yeah, yeah, yeah ! » *En d'autres circonstances, je me répétais le même genre de message en empruntant cette fois la voix du personnage Donald Duck. Sans accomplir de miracles, cela me permettait de faire baisser ma tension et de ne pas me laisser conditionner par les pensées toutes faites que je pouvais nourrir à l'endroit de Caro lorsque l'un ou l'autre de ses comportements m'impatientait.*
>
> *Car, même s'ils recelaient parfois un certain fond de vérité, les jugements que je portais manquaient cruellement de nuances. Il*

était juste d'affirmer que Caroline avait des besoins affectifs plus importants que les miens ; cependant, en général, elle faisait tout de même attention à ne pas m'envahir avec. J'aurais dû me dire que, si elle insistait à ce point, c'est que je devais être important à ses yeux. Tout compte fait, c'était vraiment injuste et ingrat de ma part de dire qu'elle souffrait d'un trouble neurologique, comme un déficit d'attention, simplement parce qu'elle ne me ressemblait pas et qu'elle ne possédait pas mon sens de l'organisation. C'était d'autant plus erroné que sur ce plan, d'ailleurs, elle faisait de gros efforts pour s'améliorer.

Enfin, Caroline était une mère merveilleuse. Et, comme j'ai plutôt la mèche courte, j'enviais la façon dont elle prenait le temps d'expliquer les choses à notre fille, de les lui répéter et de négocier avec elle. Même si ses méthodes prenaient plus de temps que les miennes, je voyais bien qu'elles donnaient de bons résultats. Je me rends compte aujourd'hui que je me serais évité bien des frustrations si j'avais d'abord porté mon attention sur ses qualités plutôt que sur les quelques éléments qui pouvaient m'agacer.

Même s'ils peuvent paraître dérisoires, les petits trucs que nous a refilés la psy m'ont grandement aidé à ne pas m'en prendre à Caroline pour des raisons qui relevaient plus de nos différences et de nos imperfections que de notre négligence ou de notre mauvaise foi.

Ce fut là la manière de Louis d'opérer une *défusion*. Bien que ses techniques aient été différentes, Caroline n'en est pas moins arrivée aux mêmes résultats.

Quand Louis et moi nous disputions et qu'il se refermait sur lui-même, j'avais tendance à l'imaginer en train de m'annoncer qu'il en avait assez et qu'il me quittait. Des images qui, de toute évidence, me faisaient carrément paniquer. Pour m'aider à réaliser que ce n'était que des représentations mentales, je mettais en pratique quelques-unes des techniques apprises en thérapie

finalement dû me rendre à l'évidence : mes réactions et mes reparties avaient provoqué exactement ce que je cherchais à éviter.

Un constat qui correspondait effectivement à la réalité.

Lorsque Caro m'interrogeait pour savoir ce qui me donnait l'air morose ou contrarié, je me sentais observé, pour ne pas dire envahi. Par contre, depuis que nous avons entrepris la thérapie, je m'ouvre davantage, car elle m'a démontré à plusieurs reprises qu'elle s'intéresse sincèrement à moi et qu'elle est là pour répondre à mes besoins et me donner du réconfort.

Peu importe en quoi elle consiste et de quelle façon elle s'exerce, toute stratégie d'évitement de la part d'un membre ou l'autre d'un même couple est vouée à l'échec. À plus ou moins court terme, ce sont leurs acquis, leur avenir et même leur santé physique et psychologique qui risquent de s'en trouver compromis.

Lorsque Louis s'enferme comme il lui arrive de le faire, j'ai l'impression de ne plus revêtir aucune forme d'importance à ses yeux. Dans ces moments-là, je ne peux faire autrement que de juger son retrait comme un manque total de considération et de respect à mon endroit.

D'autre part, même si, au contraire de Louis, Caroline se montre passablement à l'aise avec ses émotions et arrive plutôt bien à les exprimer, elle n'en présente pas moins une grande fragilité devant les soubresauts que certains échanges peuvent provoquer en elle. Ainsi, après une dispute l'ayant rendue particulièrement anxieuse, ou un retrait de Louis l'ayant poussée aux confins de la frustration, elle résiste difficilement à l'envie de s'empiffrer de malbouffe.

C'est comme si les frites, les super burgers et les desserts dégoulinant de glaçage se trouvaient tout à coup investis du pouvoir de m'apporter soulagement et réconfort. Mais ces impressions d'apaisement sont toutefois de bien courte durée. Dès la goinfrerie terminée, je me retrouve en proie à d'insupportables sentiments de culpabilité et de mésestime personnelle. Je crains alors de prendre du poids et de perdre tout intérêt aux yeux de Louis. Dans ces moments-là, je suis loin d'être fière de moi…

COMPOSER AVEC LES ÉMOTIONS

Comme l'interaction existant entre Caroline et Louis le démontre bien, les hommes éprouvent davantage de difficultés à composer avec leurs émotions, et particulièrement celles qui sont susceptibles de les bouleverser de façon importante. Il importe alors que, au lieu de chercher à les esquiver, les éviter ou les nier, ils apprennent à les reconnaître, à les accueillir et à les laisser exister.

De la gamme d'émotions régissant les humeurs et les comportements, les hommes peinent particulièrement à laisser voir celles que l'on qualifie de douces, telles l'inquiétude et la peine, que beaucoup d'entre eux considèrent comme des marques de faiblesse et de vulnérabilité. Nombreux sont les hommes qui demeurent en effet influencés par un héritage millénaire et une éducation familiale leur ayant appris à rester forts et imperturbables à tous moments et en toutes circonstances. Et particulièrement avec leurs conjointes. Pourtant, les hommes sont aussi sensibles que les femmes, souvent même plus, ne craindront pas d'affirmer certains. Ils se couvrent tout simplement d'une épaisse carapace lorsqu'ils craignent de paraître vulnérables. Ce qui fait croire aux femmes, à leur grande désolation, qu'ils sont insensibles ou indifférents.

Les hommes sont plus enclins à transmuer leurs émotions douces en colère, longtemps liée à la virilité et à la dominance. Comme elle est plus facile à exprimer et qu'elle cache avantageusement des vulnérabilités qu'ils ne veulent pas laisser voir, elle peut donc constituer une forme profitable de protection. Sauf que, depuis des années, l'agressivité n'est plus tolérée dans notre société. Lorsqu'elle est utilisée pour contrôler, dominer ou assujettir, la colère mal canalisée est désormais associée à une forme plus ou moins détournée de violence. Les irritables et les rageurs n'ont donc plus leur place dans l'espace public et de moins en moins dans le vivre à deux.

Mais il ne s'agit pas là de la seule exigence imposée à la gent masculine. En plus d'attendre d'eux une saine gestion de leur colère, on leur demande désormais de montrer, ouvertement et sans esquive, leur sensibilité et leur vulnérabilité. Tout un défi pour ceux qui doivent maintenant se convaincre que l'expression de leurs émotions ne constitue pas un signe de faiblesse, mais plutôt un avantage pour la relation avec leur partenaire. Il s'agit là d'une étape incontournable dans la quête d'équité entre les hommes et les femmes, rappelle Gottman, étant donné que les hommes qui résistent moins à laisser voir leurs états d'âme sont plus portés à laisser l'autre s'approcher d'eux et à partager le pouvoir décisionnel.

Il n'est pas rare de constater que bon nombre de couples, devant des mésententes chroniques ou des conflits non résolus, en viennent à se livrer une espèce de guerre froide où la bouderie et l'indifférence tiennent lieu de dispositifs d'attaque et de protection. « Tes paroles m'ont fait de la peine, alors je vais t'atteindre à mon tour en te privant de ma présence, de ma bonne humeur », se disent des conjoints habités d'un désir de vengeance. « Tu m'as déçu, alors je veux me protéger en me coupant de toi, de crainte d'être blessé à nouveau », ruminent d'autres qui cherchent à se prémunir contre de nouvelles meurtrissures. Des attitudes qui ne font qu'amplifier les malaises et laisser la place à toutes sortes de procès d'intention.

> *Même si je trouve cela pénible et mortifiant, je préfère me quereller avec Louis plutôt que de faire les frais de son indifférence et de son désintéressement, d'avouer Caroline. Lorsqu'il fait la tête ou la sourde oreille, j'éprouve le sentiment d'être rejetée et abandonnée. Ce qui me plonge dans une détresse sans nom.*

Si ce genre de situations perdurent et que rien n'est fait, certains partenaires risquent de se mettre à en vouloir à l'autre et à s'interroger sur l'avenir de leur relation. Il importe par conséquent que les couples concernés se donnent le plus rapidement possible des moyens de briser ce cercle où les brouilleries et les empoignades ont l'habitude de mettre fin à leurs discussions.

OUTILLAGE ADÉQUAT

Il relève de l'intérêt et de la bonne volonté de l'un et l'autre partenaire de briser le cercle de la fermeture et de l'isolement et de se donner des moyens de créer un climat propice au rétablissement des échanges. À la différence de ce que certains sceptiques pourraient être portés à croire, une volonté de rapprochement ne signifie en rien simplification, banalisation ou ignorance du ou des conflits qui ont pu mener à une telle distanciation des conjoints concernés. Au contraire. L'objectif est de rétablir un climat convenable, et si possible agréable, de façon à pouvoir aborder par la suite, plus facilement, les situations susceptibles de donner naissance à de tels litiges.

Il existe une multitude d'initiatives permettant à des conjoints de se rapprocher et de faire la paix : des excuses sincères, une approche humoristique, de petites attentions bien ciblées, une activité divertissante, une séance de chatouillement, etc. Les possibilités sont nombreuses, et pour qu'elles portent leurs fruits, il importe que les partenaires s'entendent afin de déterminer celle qui leur convient le mieux.

> *Lorsque je me suis rendu compte que Johanne, c'est le nom de la psychologue, saisissait rapidement ce qui était à l'origine de nos conflits et de notre éloignement, mon scepticisme à l'endroit de la thérapie s'est un peu dissipé. Avant que j'assiste aux rencontres, je craignais de me faire asticoter par deux femmes qui s'allieraient contre moi pour me reprocher mes moindres petits écarts. Mais, dans les faits, il n'en fut rien. Quels que soient les sujets que nous abordons, les observations de la spécialiste se révèlent justes et ses suggestions, simples, concrètes et utiles. Aujourd'hui, je conviens de la pertinence et de l'utilité de la démarche.*

Je me considère finalement comme chanceux de pouvoir m'offrir un tel service puisque bien des gens n'ont pas cette possibilité. Ça me fait un bien énorme de pouvoir dire tout ce qui me passe par la tête sans craindre de l'embêter, de lui faire de la peine ou de la décevoir. Je reconnais maintenant que Caroline avait vu juste en proposant d'entreprendre une telle démarche.

Louis n'est cependant pas le seul à tirer avantage de ces rencontres ; celle qui les a provoquées y trouve également son compte.

Johanne nous accueille simplement, sans tenter de nous influencer indûment. Évidemment, certaines séances s'avèrent plus émouvantes et plus perturbantes que d'autres, mais j'ai la certitude que j'y gagne au change. À la différence de l'interaction avec mes amies qui ne peuvent guère faire mieux que de m'écouter et de me réconforter, les échanges avec elle suscitent plusieurs remises en question sur ma façon de penser et de me comporter avec ceux et celles qui m'entourent, et particulièrement avec Louis.

Durant ces séances, je réalise que je manque souvent de confiance en moi et que j'éprouve de la difficulté à m'aimer. Un constat qui n'est pas facile à faire, mais qui s'avère de la plus grande utilité au regard des changements qu'il me faut apporter.

Au début de la thérapie, j'ai beaucoup déploré les façons de faire et d'agir de Louis et insisté pour dire à quel point elles me rendaient malheureuse. Mais, avec délicatesse et doigté, Johanne m'a amenée à poser un regard sur mes propres agissements et à prendre la mesure des responsabilités qui pouvaient être les miennes dans nos imbroglios. Et, ce qui s'est avéré pertinent pardessus tout, ses observations m'ont sensibilisée aux différentes façons dont je pouvais m'y prendre pour améliorer la situation.

En les amenant tous deux à se rappeler et à repréciser ce qu'ils attendent d'une vie de couple, la psychologue qu'ils ont consultée a incité Caroline et Louis à départager, parmi leurs attentes et leurs besoins, ce qui relève de l'essentiel et du superflu. En se concentrant sur ce qui les rapproche et en détournant leur regard de ce qui les éloigne, ils se trouvent maintenant mieux outillés pour entreprendre les démarches d'un rapprochement qu'ils souhaitaient tous deux en secret, mais qu'ils en étaient presque venus à croire inaccessible et même impossible.

Animés d'un optimisme prudent, mais non moins manifeste, Caroline et Louis se sentent désormais, à leur grand soulagement, plus en mesure d'éviter les dérapages et de retrouver la paix plus rapidement.

CHAPITRE 6
Aplanir les différences

« Comment ça, nous serons deux de plus pour souper ? Il me semble que t'aurais pu m'avertir un peu plus à l'avance. Franchement, Caroline, on dirait que tu fais exprès de me pousser à bout !

— Mais comment aurais-je pu savoir, Louis ? C'est complètement par hasard que j'ai rencontré Ginette et Louise, à l'heure du lunch, en sortant de la conférence de presse annonçant l'ouverture de la nouvelle exposition au Musée d'art contemporain. Comme on n'avait pas le temps d'échanger, j'ai pensé que ce serait bien de les inviter à la maison, il y a tellement longtemps qu'on s'est vues.

— Et le repas, lui, qui va le préparer ?

— Y'a pas de quoi stresser, voyons, on a qu'à appeler la pizzéria du coin et passer prendre une couple de bouteilles de vin en rentrant du travail. Tu les connais, mes amies, elles ne sont vraiment pas compliquées. Un petit repas à la bonne franquette fera très bien l'affaire.

— Ouais… Y'a pas compliquée et pas prévenante ; on dirait que, dans ton cas, tu ne fais pas toujours la différence entre les deux ! »

En cet après-midi d'automne, Caroline et Louis touchent un des aspects les plus délicats de la relation de couple : les différences fondamentales relevant de la personnalité de chacun. Ordonné et prévoyant, Louis déteste se faire prendre au dépourvu, comme c'est le cas présentement. Spontanée et brouillonne, Caroline a rarement le réflexe de se projeter dans le temps et de s'empêtrer dans les détails.

Alors qu'ils sont toujours au téléphone en train de s'expliquer, chacun constate que les différences auxquelles – une fois de plus ! – ils se butent sont exactement les mêmes que celles qui, à l'amorce de leur relation, les avaient attirés l'un vers l'autre. Depuis le temps, ils ont bien essayé, chacun à leur façon, d'adoucir quelques-uns des traits de caractère qui énervent l'autre, mais ils constatent que le naturel, comme le rappelle si bien l'adage, revient vite au galop.

L'expérience et les études le démontrent. Même avec la meilleure volonté du monde, jamais un conjoint ne se transformera au point de devenir à l'image de son vis-à-vis ou ce que l'autre voudrait qu'il soit. Il s'agit là d'une réalité avec laquelle les partenaires doivent apprendre à composer, sinon ils risquent de s'épuiser à espérer des changements qui pourraient bien ne jamais se produire. Ou du moins pas sous la forme qu'ils souhaiteraient.

DIFFÉRENCES PLUTÔT QUE DÉFAUTS

Il vaut alors mieux que des conjoints comme Caroline et Louis se fassent à l'idée. S'ils désirent que leur relation de couple traverse l'épreuve du temps, ils ont tout avantage à aborder ce qui les distingue en termes de différences plutôt que de défauts, sinon ils risquent de se distancier au point de ne plus reconnaître ce pour quoi ils sont ensemble.

« Je sais très bien à quel point nous sommes différents, Louis, et je trouve moi aussi que c'est parfois difficile à vivre, mais est-ce qu'à l'occasion tu pourrais accepter que j'invite des amis à souper à la maison à la dernière minute ? »

Lorsqu'une situation du genre se représentera, voilà de quelle façon Caroline aura avantage à aborder son conjoint si elle veut éviter qu'un fait aussi banal de la vie courante vire à nouveau à l'affrontement et aux invectives. Louis risque ainsi de ne pas se sentir attaqué, d'être plus enclin à écouter et, au bout du compte, d'acquiescer à ses désirs.

On peut deviner les nombreux avantages qu'un couple comme celui-ci pourrait tirer d'une approche de ce genre lors de la planification d'un voyage. Sachant que Caroline est toujours prête à partir, sac au dos et sans itinéraire précis, dans des pays qui lui sont complètement étrangers, et que Louis, pour sa part, a besoin de planifier en détail les itinéraires, de réserver à l'avance les chambres d'hôtel et de se familiariser avec le climat sociopolitique du pays avant de partir, tous deux gagneraient en temps et en plaisir à trouver une formule médiane qui tienne compte à la fois des attentes de l'un et des besoins de l'autre. De cette façon, Louis aura l'occasion de découvrir des destinations vers lesquelles il ne se serait pas spontanément dirigé, tandis qu'à d'autres moments Caroline goûtera au bien-fondé d'un déplacement soigneusement planifié où elle n'aura qu'à se laisser porter par les découvertes et le bon temps.

En tirant ainsi avantage de leurs différences, ils apprécieront ce qu'en d'autres circonstances ils auraient été portés à considérer comme des travers et des défauts.

AU-DELÀ DU GESTE

Lorsque les tensions et les conflits se multiplient au sein d'un couple, il n'est pas rare que les partenaires en viennent à porter démesurément leur attention sur les comportements de l'autre qui les agacent ou les irritent. Ce faisant, ils s'enlèvent la possibilité de saisir ce que les façons de faire ou de dire de leur vis-à-vis portent comme intentions. Caroline et Louis ont bien connu ce genre de situation.

Après l'arrivée de Thomas, on aurait dit que Caroline ne voyait plus que les demandes répétées de Louis pour avoir des relations sexuelles. Elle lui reprochait son manque de subtilité dans la façon de lui faire part de ses intentions, sa trop grande insistance - qu'elle allait même jusqu'à qualifier d'obsession –, ainsi que le peu de délicatesse dont il faisait montre lorsqu'elle le laissait s'approcher.

De son côté, Louis se focalisait sur la distance que maintenait sa conjointe envers lui, l'accusant d'être froide et de ne jamais prendre d'initiatives. À certains égards, il se prétendait même rejeté comme amant. À ses yeux, sexualité et amour étaient intimement liés et l'intérêt qu'il montrait pour Caroline était sain et normal. Le fait de la désirer, et de vouloir le lui manifester de façon concrète et régulière, constituait une preuve qu'il l'aimait encore et qu'elle comptait toujours beaucoup pour lui. Ce qui était loin de correspondre à la perception de Caroline.

> *À l'époque, je m'investissais beaucoup auprès de nos enfants. Sachant que Justine, notre aînée, était souvent collée contre moi et que j'allaitais encore Thomas, j'avais parfois l'impression que mon corps ne m'appartenait plus, qu'il n'existait que pour répondre aux besoins affectifs des enfants. Par conséquent, lorsque Louis m'approchait pour me caresser ou pour faire l'amour, je me sentais littéralement envahie, comme si un troisième enfant me sollicitait. J'avais alors le réflexe de le repousser, ce que je ne me serais jamais permis de faire avec les enfants, c'est bien évident. Mais, puisqu'il s'agissait d'un adulte, je me disais qu'il comprendrait.*

Si, au lieu de s'en tenir aux réactions exprimées, chacun avait davantage porté son regard sur ce qui motivait les attentes de l'un et les réticences de l'autre, ils se seraient sûrement évité de nombreux malaises et de multiples frustrations. La tension s'en trouvant diminuée, ils auraient alors été plus à même de saisir et de comprendre ce qui poussait l'autre à agir de la sorte. Il s'agit d'ailleurs là d'une des clés de voûte de la solution aux conflits récurrents.

INTERPRÉTATIONS ERRONÉES

Un autre des écueils auxquels se trouvent confrontés les conjoints qui éprouvent de la difficulté à se comprendre et à bien vivre ensemble a trait à la tendance qu'ils peuvent parfois avoir à interpréter malencontreusement des propos et des attitudes qui les ont particulièrement perturbés ou blessés. « S'il s'est montré si indifférent à mon égard, c'est sûrement qu'il n'a plus la même considération pour moi », se disent certains. « S'il a fait montre d'autant d'agressivité, c'est qu'il doit m'en vouloir beaucoup », pensent d'autres.

Il n'est pas rare que des partenaires au bord du burnout amoureux en viennent à interpréter les agissements de l'autre et même, ce qui est encore plus pernicieux, à se conforter dans leurs interprétations. Il s'agit là d'une erreur qui ne fait que creuser les écarts déjà existants. En effet, lorsque l'un en vient à croire qu'il est plus habile que l'autre à saisir ce qui se trame dans son cœur ou dans sa tête, il ne s'intéresse plus à lui, il le condamne. Les nombreux accrochages qu'ont eus Caroline et Louis à propos du ménage à faire ont révélé qu'ils n'étaient pas au-dessus de ce genre d'interprétations.

J'étais fâchée et insultée à la fois parce que Louis ne cessait de me rappeler comment m'y prendre pour les moindres petites tâches. Non seulement j'étais persuadée qu'il prenait un malin plaisir à me diminuer, mais j'étais convaincue que c'était une façon pour lui d'exercer un contrôle sur moi.

Il n'en était pourtant rien. En refilant à sa conjointe quelques-uns des petits trucs qu'il avait développés au fil du temps pour gagner en efficacité, Louis désirait tout simplement alléger la tâche de Caroline et lui permettre de sauver un peu de temps. Ce qui ne l'a pas empêché de tomber lui-même dans le panneau de l'interprétation erronée lorsqu'il a cherché à expliquer les raisons ayant provoqué une telle réaction chez elle.

Je suis sûr que si elle résiste tant à se mettre à la tâche, c'est parce qu'elle trouve que je ne suis pas assez à l'écoute de ses émotions. C'est sans doute une façon pour elle de se venger.

Pourtant, si Caroline se désintéressait à ce point des tâches ménagères qu'ils avaient malgré tout convenu de partager, c'est simplement parce qu'elle appréhendait les critiques de Louis par rapport à sa façon de procéder. Une discussion franche et ouverte sur le sujet, avant que les choses ne s'enveniment, leur aurait sûrement épargné bien des incompréhensions et des mésententes.

CONTEXTE À CONSIDÉRER

Mais des partenaires de vie ont beau se montrer ouverts à la discussion et disposés à faire des concessions, il arrive également que la situation elle-même, au-delà de la bonne volonté de chacun, porte à interprétation. Sans mise en contexte, le tout risque alors de conduire à de malheureux dérapages verbaux. Caroline en sait quelque chose.

C'était un des premiers beaux samedis de printemps. J'ai décidé d'en profiter pour emmener Justine au parc pendant que Louis était parti reconduire Thomas chez ses parents. Sachant qu'il y avait des mois que nous n'avions pas senti la chaleur du soleil, je me suis dit que la vaisselle et le rangement pouvaient bien attendre.

Tout se déroulait pour le mieux, jusqu'à ce que la petite tombe et s'érafle vivement un genou. Comme il y avait déjà un bon moment que nous étions au parc, Louis avait largement eu le temps de rentrer et de nous attendre. Déjà furieux de trouver la maison en désordre, il a complètement pété les plombs lorsqu'il a vu à quel point Justine était mal en point.

Plutôt que de m'aider à nettoyer la plaie et à panser sa blessure, il a préféré me laisser à moi-même en me lançant : « C'est ta fille, arrange-toi avec, maintenant ! Tout ça ne serait pas arrivé si tu étais demeurée à la maison à t'amuser avec elle plutôt que de lui faire prendre de tels risques. » Sa réaction m'a tellement secouée que j'ai passé quelques jours à me demander si Louis aimait vraiment notre fille.

Dans les faits, la réaction outrancière de Louis n'avait rien à voir avec la capacité de Caroline à se montrer responsable de leurs enfants ou conséquente dans ses actes. Elle relevait plutôt du constant souci qu'il a pour l'ordre et la propreté, auquel s'ajoutait, cette journée-là, un excédent de fatigue et de stress. Sans compter le désarroi qu'il éprouvait à voir leur fille souffrante. Maintenant que Caroline et Louis sont plus sensibles aux différences d'approche et de personnalité qui sont les leurs, ils essaient de prendre plus souvent en considération le contexte dans lequel leurs frictions prennent forme. Une façon de mieux s'accepter comme ils sont et de trouver avantage à ce qui les distingue.

HIÉRARCHISER LES PRIORITÉS

Selon les observations des spécialistes en la matière, le couple est soumis à des pressions plus grandes et plus diversifiées que jamais. Les hommes comme les femmes entrent de nos jours en relation habités d'un ensemble d'attentes et d'exigences qui rendent d'autant plus aléatoire la réussite de leur projet commun.

Selon Ayala Pines, un des principaux facteurs expliquant l'épuisement amoureux tient non seulement au fait que les partenaires nourrissent un nombre incalculable d'attentes à l'égard de l'autre, mais surtout qu'ils escomptent que celui-ci y répondra pratiquement en totalité. Leur frustration se trouve d'autant plus avivée lorsque, au lieu de réévaluer à la baisse certaines de leurs attentes, ou d'en revoir l'importance, ils accentuent la pression sur l'autre pour qu'il change. Ce qui conduit, comme on le constate dans le cas de Caroline et Louis, à une fragilisation de la relation.

Afin d'éviter de tomber dans ce piège, ou de s'en dégager s'ils y sont pris, les partenaires concernés trouveront avantage à entamer une réflexion en profondeur pour départager l'essentiel de l'accessoire au regard de ce qu'ils attendent d'une relation de couple. L'objectif d'une telle démarche consiste à prendre - ou à reprendre - conscience de ce que l'autre est en mesure de leur apporter, mais également de ce qu'il ne pourra jamais venir combler en eux.

Ainsi, lorsque Louis constate que Caroline est non seulement un peu frivole, mais que malgré tous les rappels qu'il lui adresse

– et la bonne volonté dont elle fait montre – elle n'aura jamais les qualités d'une gestionnaire aguerrie ou d'une femme d'entretien, il préfère aujourd'hui ajuster les attentes somme toute irréalistes qu'il a pu nourrir à son endroit.

Malgré ses petits travers et ses quelques lacunes, Caroline est une femme formidable et je me considère comme chanceux de l'avoir à mes côtés. Elle est souvent là pour moi, elle apporte de la bonne humeur dans la maison et elle me fait voir la vie sous des angles qui m'échappent très souvent. Lorsque j'arrive à voir les choses de cette façon, je me dis qu'il y a tout lieu de croire que nous arriverons à nous sortir des embrouilles qui nous affectent.

Loin de constituer de l'aveuglement volontaire ou de la résistance muette, cette façon de faire permet au conjoint menacé par la frustration de ne pas se laisser emporter par la colère ou de ne pas accumuler du ressentiment. Un complément qui peut être particulièrement précieux dans le cadre d'une sortie de crise.

Une autre approche s'avérant particulièrement efficace pour l'évolution d'un couple consiste à ne pas rester fixé sur les travers d'un conjoint et à reconnaître les efforts qu'il fait pour tenter d'atténuer ce qui pose problème dans ses agissements.

Bien qu'elle soit encore loin d'être un exemple de ponctualité, je réalise que Caroline fait de plus en plus attention à corriger cette mauvaise habitude. Ainsi, au lieu de lui faire des reproches quand elle s'oublie, j'essaie de la soutenir et de l'encourager lorsqu'elle se présente à l'heure convenue.

Louis a compris que ce n'est pas en exigeant la perfection de Caroline, ou en lui laissant voir qu'elle en fait trop peu, que les changements espérés se produiront, mais plutôt en l'encourageant à persévérer dans ses efforts. Leurs frictions ne s'en trouveront pas automatiquement éclipsées, mais ils risquent cependant de composer passablement mieux avec leurs différences.

RESPONSABILITÉ PARTAGÉE

D'autre part, il est plutôt rare que des conjoints en situation de conflit soient spontanément portés à assumer leur part de responsabilité au regard de ce qui ne va pas. La plupart du temps, ils ont plutôt tendance à imputer les torts à l'autre. Il s'agit là d'un réflexe qui est non seulement le fait d'une majorité de partenaires de vie, mais également de toute personne se trouvant en interaction avec d'autres.

Une des causes de ce réflexe relève de l'estime personnelle que se portent - et, surtout, que tentent de protéger - ceux ou celles qui se prétendent particulièrement blessés par une situation les affectant. Chez beaucoup de personnes, le simple fait d'admettre qu'elles se sont mal comportées ou qu'elles ont pu manquer de tact ou de jugement peut entraîner une atteinte à leur amour-propre sans commune mesure avec l'importance ou la fréquence des événements.

Dans ces moments-là, ces gens semblent incapables de faire la distinction entre un comportement inapproprié, à un instant précis et dans des circonstances définies, et leur valeur intrinsèque. « Je suis vraiment une conjointe médiocre », se disent alors certaines. « Comme parent, je suis totalement incompétent », ne peuvent s'empêcher de penser d'autres. Il suffit à ces personnes de s'être mal comportées une seule fois pour qu'elles perdent toute valeur à leurs yeux.

C'est entre autres le cas de gens qui ne se donnent pas le droit à l'erreur. Afin de ne pas abîmer l'image qu'ils se font d'eux-mêmes et qu'ils se sont affairés à projeter autour d'eux, ils préfèrent se justifier et rejeter la responsabilité du conflit sur l'autre. Or, ils ne réalisent pas que ce réflexe de déresponsabilisation est loin de les mettre en valeur au regard d'autrui et qu'il incite même certaines personnes, dont des conjoints, à prendre leurs distances avec eux. Ceux et celles qui se reconnaissent dans ce genre de comportement gagneraient par conséquent à revoir leur façon de faire.

Une autre des raisons conduisant des conjoints à blâmer spontanément leur vis-à-vis pour ce qui ne va pas provient de la peur qu'ils ont de voir l'autre, dans le cas d'un nouveau conflit, récupérer leur aveu à son avantage. « Tu vois, si on a des problèmes, c'est à cause de toi », craignent-ils d'entendre. Même s'ils arrivent, en agissant de la sorte, à s'assurer du beau rôle, ils ne font que reporter un problème qui ressurgira à la moindre occasion.

Ce que ces gens semblent oublier, c'est que le fait de reconnaître ses torts et de s'excuser comporte plusieurs avantages. L'admission franche et sincère d'écarts ou de manquements de la part d'un partenaire suscite non seulement la compassion et l'indulgence de l'autre, mais, contrairement à ce que le fautif en vient souvent à penser, ce geste contribue aussi à redorer l'image qu'il projette. Il suffit de jeter un coup d'œil autour de soi pour constater que les gens qui se montrent capables d'avouer leurs imperfections, au lieu de les cacher ou de les nier, suscitent beaucoup plus l'admiration et le respect de leur entourage que la mésestime et la dérision.

Mais là où l'impact risque de se faire particulièrement sentir, c'est dans la relation de couple. À compter du moment où un conjoint se reconnaît imparfait, il a de bonnes chances de mieux accepter ses limites et de prendre les initiatives qui s'imposent pour les repousser. En réaction à un tel repentir, l'autre sera porté à faire de même, et du coup, la relation aura toutes les chances de s'en trouver améliorée.

MODÈLES À REVOIR

Dans le cadre de conflits opposant un conjoint à un autre, les observateurs notent également que c'est souvent la façon dont les partenaires concernés s'y prennent pour aborder une difficulté, plutôt que les paroles échangées, qui pose problème. À force d'avoir recours aux mêmes approches et aux mêmes solutions inefficaces pour résoudre leurs différends, trop d'entre eux finissent par se lasser et par éviter des sujets qui leur tiennent pourtant à cœur.

Non pas que leurs attentes et leurs besoins ne soient pas clairement définis. L'un, par exemple, veut plus de sexe tandis que l'autre souhaiterait plus d'attentions affectueuses. C'est plutôt sur la manière de s'y prendre pour en discuter ou en arriver à une entente que les choses achoppent. Une des raisons des imbroglios qui en résultent tient au fait que les partenaires concernés, d'autant plus s'ils comptent plusieurs années de vie commune, s'attendent à ce que l'autre devine, avant même qu'ils soient exprimés, les besoins et les attentes qu'ils nourrissent en secret. Ce n'est que tout récemment que Caroline et Louis ont pris conscience qu'ils donnaient eux aussi dans ce type d'interactions pernicieuses.

« Quand je me tourne vers toi, Louis, pour te confier une préoccupation ou te faire part d'un problème que je vis au travail, je ne m'attends pas à ce que tu commentes ou interprètes ce que je dis. Je souhaite tout simplement que tu m'accueilles telle que je suis, avec mes certitudes et mes hésitations, sans plus. »

Si Caroline se sent si souvent incomprise, ce n'est pas que Louis manque d'intérêt pour ce qu'elle dit ou d'empathie pour ce qu'elle vit. C'est tout simplement qu'il se sent mal pour elle et qu'il aimerait trouver une solution rapide pour la soulager. Ce qui l'amène parfois à lui tenir des propos laissant croire qu'il banalise ce qu'elle dit. Comme cette fois, il n'y a pas si longtemps, où sa partenaire est venue lui confier les difficultés qu'elle éprouvait avec son patron.

« Je trouve que tu tires des conclusions un peu trop rapides, Caro ; es-tu certaine d'avoir bien compris ce qu'il t'a demandé ? Il me semble que, si tu t'affirmais un peu plus, il te respecterait davantage et tu t'éviterais bien des frustrations. »

N'eussent été les apprentissages qu'ils sont en train de faire en thérapie pour relancer leur vie commune, Caroline se serait tue après avoir accusé Louis d'être incapable d'écoute et d'empathie. Se sentant injustement accusé, celui-ci se serait retiré avec fracas en prenant bien soin de lui faire part, en des termes on ne peut moins élogieux, de son inconfort et de sa frustration. Mais heureusement, stimulés par leur désir de se rapprocher, Caroline et Louis font de plus en plus attention à ne pas répéter ce modèle d'interaction.

REPRISE DES POURPARLERS

Une fois que des partenaires éloignés par les problèmes et par le temps ont retrouvé une plateforme commune leur permettant de se rencontrer et d'échanger, il importe de ne pas tarder à reprendre les discussions. Étant donné que beaucoup d'entre eux n'échangent plus que pour le nécessaire, il vaut mieux ne pas brûler les étapes et respecter une séquence logique quant aux initiatives à mettre en avant.

Si ce n'est déjà fait, il peut s'avérer utile, sinon nécessaire, de reprendre les discussions en commençant par des excuses. Bien que les mots alors employés soient de toute première importance, il faut avant tout qu'ils reflètent la sincérité et la contrition de celui ou celle qui a quelque chose à se faire pardonner. Voici quelques exemples d'entrées en matière qui pourraient servir :

> *Je m'excuse d'avoir présumé que tu voulais me manipuler ; c'était vraiment malhabile de ma part.*
>
> *Désolée de t'avoir traité d'insensible ; j'étais blessée et j'ai tout simplement voulu te faire mal à mon tour.*
>
> *Je reconnais que tout ce que j'ai voulu faire, c'était te convaincre de mon opinion sans même prendre la peine de considérer ce que tu avais à dire.*
>
> *Te raccrocher au nez dénotait un profond manque de respect envers toi. C'était vraiment ingrat de ma part ; je ne recommencerai plus.*

Une fois ces prémices mises en place, il est primordial de déterminer qui assumera le rôle de l'*écouteur* et celui du *raconteur*. L'objectif ici n'étant pas de museler qui que ce soit, mais plutôt de s'assurer que les échanges ne tourneront pas de nouveau à la foire d'empoigne ou au dialogue de sourds.

Cette façon de faire présente l'avantage de disposer les conjoints concernés à se faire plus attentifs à ce que l'autre a à dire, même lorsque ses propos semblent exagérés ou injustifiés. Elle permet entre autres de contourner les réflexes, on ne peut plus légitimes, consistant à se défendre, à se retirer ou à contre-attaquer lorsque le trop-plein d'émotion fait place à toutes sortes d'interprétations.

Avec Louis, j'ai appris depuis longtemps qu'il ne sert à rien de vouloir me justifier au moment où il se confie à moi, car ça le frustre davantage. Lorsque l'envie m'en prend, je m'efforce de me rappeler que mon rôle, à ce moment-là, consiste à m'intéresser à ce qu'il raconte. Mon tour viendra bien où je pourrai m'exprimer.

Voilà qui dénote une bien grande sagesse et qui permet de croire que des rapprochements sont possibles.

LES PIÈGES À ÉVITER

Même lorsqu'ils sont animés des meilleures intentions du monde, il n'est pas rare que des conjoints peinent à reprendre un rythme d'échanges satisfaisant. Selon le psychologue Alan Fruzzetti, outre la difficulté qu'éprouvent nombre d'entre eux à exprimer leurs émotions, il existe d'autres pièges susceptibles de passablement compliquer leurs efforts de communication.

C'est entre autres le cas des partenaires qui cherchent à faire passer leur message au moyen d'une tierce personne ou en l'entremêlant à un discours déjà existant. Il en est de même de ceux et celles qui, par gêne ou par honte, n'osent pas formuler ouvertement leurs besoins et leurs attentes, de crainte de paraître trop exigeants ou trop tordus. Ou encore des conjoints qui, tout à l'opposé, font part de chacun de leurs désirs avec une telle emphase qu'il devient malaisé pour l'autre d'en mesurer la véritable importance et d'y répondre.

Quelle que soit la formule employée, les partenaires qui optent pour des façons aussi boiteuses de communiquer risquent d'être amèrement déçus. En plus de réduire leurs chances de susciter l'intérêt et l'écoute désirée chez leur vis-à-vis, ils s'exposent à être mal compris et, par conséquent, à ne pas obtenir la réaction souhaitée.

Un autre des pièges qui guettent des conjoints se retrouvant sous l'emprise de la colère consiste à faire le contraire de ce qu'ils souhaitent ou de ce qu'ils recherchent. Ce genre de comportement est entre autres observable lorsque, à la suite d'une dispute particulièrement corsée, l'un des deux partenaires rabroue sèchement celui qui, animé de l'intention de faire montre de bons sentiments, amorce quelques rapprochements. En agissant de la sorte, le conjoint réticent va non seulement à l'encontre de ce qu'il désire tout autant que son vis-à-vis, mais il conditionne l'autre à garder ses distances lorsqu'une occasion de ce genre se présentera de nouveau.

Afin de pallier des situations comme celles-ci, il importe que les conjoints, lorsqu'ils entrent en dialogue, expriment le plus précisément possible ce qui se passe en eux en prenant bien soin d'éviter de rejeter la faute ou la responsabilité sur leur partenaire. Lorsqu'ils en appellent à ce qui les affecte dans le comportement de l'autre, il vaut mieux qu'ils fassent référence à des affirmations ou des agissements précis – *Quand tu m'as dit que je suis toujours en retard* – et non pas à de présumées intentions – *Si tu m'as dit ça, c'est que tu voulais me blesser* – ou à des traits de personnalité – *C'est parce que tu es contrôlant que tu ne peux pas accepter que j'arrive en retard.*

Ainsi, une femme comme Caroline aurait pu provoquer une réaction fort différente chez son conjoint si elle avait adopté un discours du genre: «Écoute, Louis, lorsque tu m'as dit que j'étais toujours en retard, ça m'a fait de la peine et j'ai trouvé ça injuste, car je fais beaucoup d'efforts pour me dépêcher afin d'arriver plus souvent à l'heure. Quand tu généralises comme tu viens de le faire, ça me décourage, parce que j'ai l'impression que tu ne vois pas, ou n'apprécies pas, les efforts que je fais. Est-ce que je peux te demander de faire plus attention à l'avenir?»

Cet exemple le montre bien, le choix des mots peut donner une allure fort différente à une conversation. D'autres moyens, comme une posture et une expression faciale affichant l'ouverture, de même qu'un ton de voix posé et agréable, ont le pouvoir de sensiblement renforcer le vocabulaire employé. Les chances de succès seront encore meilleures si, au moment choisi pour échanger, les partenaires ne sont pas dérangés par la présence des enfants et ne se trouvent ni affamés ni accablés par la fatigue.

Comme on peut le constater, le défi le plus exigeant qui se pose aux conjoints désireux de rétablir un dialogue constructif consiste à bien saisir et à bien comprendre ce qui se passe en eux, puis à apprendre à composer avec ce qu'il est convenu d'appeler les émotions dures, de manière à éviter que les échanges ne dérapent de nouveau.

DES DISCUSSIONS ENCADRÉES

Bien que toute comparaison soit boiteuse, la perspective d'avoir à aborder des sujets délicats avec un conjoint est, pour beaucoup de partenaires, comparable à la mise en place d'un plan d'hygiène dentaire. Chacun est saisi d'appréhension à l'idée même de s'y soumettre, l'un comme l'autre redoutent l'inconfort et la douleur du moment, mais tous deux reconnaissent qu'il s'agit d'un passage obligé pour trouver le soulagement et recouvrer le bien-être. Tout comme ils s'exposent à éprouver des douleurs encore plus grandes s'ils se mettent à espacer les visites chez leur dentiste, il importe que les conjoints dont la relation se trouve fragilisée réalisent que, s'ils ne s'imposent pas des moments pour discuter de façon franche et ouverte de ce qui ne va pas, ils risquent de s'enliser dans leurs problèmes.

Sans que cela devienne un protocole rigide et contraignant, ceux-ci trouveront plusieurs avantages à convenir ensemble d'un certain nombre de paramètres susceptibles de favoriser leurs échanges. Voici quelques pistes :

- déterminer la fréquence des rencontres – un dimanche soir sur deux, par exemple – et leur durée – se limiter à trente minutes ou une heure ;
- trouver le moment le plus propice à la discussion : après la routine du soir, une fois les enfants endormis, etc. ;

- convenir préalablement des sujets à débattre : le conflit qui a résulté du désir de l'un de regarder la télévision pendant les repas, l'absence trop fréquente de l'autre, etc. ;
- s'entendre sur le déroulement des échanges : commencer par un rappel de ce qui a été vécu agréablement, aborder par la suite ce qui s'est avéré plus difficile, convenir d'ententes possibles, et s'il reste du temps, parler de projets d'avenir.

Ceux et celles qui se sentiraient particulièrement intimidés par une telle façon de procéder peuvent faire part de leur malaise en faisant précéder la discussion de questions ou de demandes du genre :

- *Pourrais-tu seulement m'écouter, s'il te plaît ? Je ne veux pas que tu me donnes de solutions.*
- *J'aimerais que tu me poses des questions pour y voir plus clair.*
- *Tout ce que je souhaite présentement, c'est d'avoir ton opinion.*
- *Ce serait bien qu'on s'y mette tous les deux pour trouver une solution.*

Même si cette procédure peut sembler un peu fabriquée, elle comporte une foule d'avantages. Le premier consiste à permettre aux partenaires concernés d'éviter de cumuler un trop-plein de frustrations en leur offrant la possibilité d'évacuer au fur et à mesure ce qu'ils vivent de particulièrement difficile avec leur vis-à-vis. Ces moments planifiés de partage et de dialogue ont de plus l'avantage d'engager les deux conjoints à se dévoiler.

Au nombre des atouts que présentent ces discussions prévues et encadrées, on compte également celui de protéger la relation de tous les jours d'affrontements et de conflits spontanés et récurrents. Lorsque des partenaires s'entendent sur un instant précis pour revenir sur les sujets qui leur posent problème, on présume qu'ils conviennent d'emblée de ne pas les aborder à tout moment. Cela évite aux uns d'avoir l'impression de marcher en terrain miné chaque fois qu'ils ont à croiser ou à côtoyer leur partenaire, et aux autres de succomber à l'envie de tout régler sur-le-champ de crainte que l'occasion ne se représente plus ou qu'ils aient à harceler leur partenaire afin de reprendre l'entretien.

Ce qu'il importe de retenir lorsqu'une bonne discussion s'impose entre conjoints, c'est qu'il n'y a pas pire moment pour ce faire que lorsque les émotions sont exacerbées et que la tension est à son comble. Colère et volonté de rapprochement n'ont jamais fait bon ménage, faut-il le rappeler. C'est pour cette raison qu'une pause délimitée dans le temps et préalablement convenue entre les partenaires permet de faire baisser la tension et l'émotivité, de prendre un peu de recul, d'apporter des nuances à ce qui s'est passé et d'éviter la multiplication des interventions malheureuses.

ARRIVER À UNE ENTENTE

Les négociateurs aguerris disent qu'une façon particulièrement efficace d'influencer quelqu'un, sans qu'il ait l'impression qu'on lui force la main, consiste à d'abord s'intéresser à lui pour ce qu'il est. D'après eux, en plus de prendre en considération ses attentes et ses besoins, on a tout à gagner en acceptant l'autre comme il se présente et en accordant de la valeur à ce qu'il veut bien nous faire connaître de lui.

Si ces considérations s'avèrent porteuses d'avantages pour des gens qui ont à s'entendre sur des partenariats impliquant des sommes prodigieuses ou des emplois en grand nombre, il y a toutes les chances qu'elles le soient tout autant dans le cadre d'une relation de couple. D'autant plus qu'aucun des deux conjoints n'est en position d'autorité, comme c'est le cas pour les rapports employeur-employé où l'un est en mesure d'imposer son pouvoir à l'autre.

À l'image de ces personnes chargées de passer un accord, il importe que les partenaires en conflit qui entament une forme de négociation se sentent, de part et d'autre, compris par leur vis-à-vis et à l'aise en sa compagnie. Ce n'est qu'à cette condition qu'ils seront en mesure de s'influencer mutuellement et de parvenir à une entente qui les satisfasse. En effet, si un des deux conjoints en présence est frustré, déçu ou peiné, l'autre perdra son temps à essayer de le sensibiliser à son point de vue, car il demeurera fermé à tout argument. Pour qu'un dialogue ouvert et constructif reprenne, il faut que celui qui s'est buté à la fermeture de l'autre montre de l'intérêt et de la compassion pour ce qu'il vit.

Grâce à cette technique, Caroline et Louis ont récemment eu une conversation très constructive à propos de leur fille de six ans.

« Louis, je sais que tu adores notre petite Justine et que tu veux bien faire les choses, mais je crois que tu te montres parfois trop exigeant.

— Que veux-tu dire ?

— Prenons la manière dont elle se comporte à table. Si l'on exige d'elle qu'elle soit toujours bien assise, qu'elle ne se lève pas sans d'abord demander la permission, qu'elle ne nous interrompe pas, qu'elle ne mette pas ses coudes sur la table et qu'elle termine chaque fois son assiette, je trouve que ça fait beaucoup pour une petite fille de son âge. En la reprenant à chaque repas comme tu le fais, j'ai peur qu'elle perde plaisir à manger. Moi-même, je deviens tendue lorsque tu t'impatientes. Et toi, tu ne trouves pas que l'ambiance en souffre ?

— C'est si grave que ça ?

— Mon but n'est pas de te critiquer, Louis. Je veux juste te dire comment je vis cette situation.

— C'est vrai que je lui en demande beaucoup, car je veux qu'elle soit bien élevée. Mais, en plus de ça, je désire éviter que les parents de ses petites amies ne l'invitent plus si elle n'a pas de bonnes manières. Je ne voudrais surtout pas qu'elle en vienne à être seule et rejetée.

— Vu sous cet angle, je peux comprendre ton insistance, mais crois-tu que tu pourrais être moins exigeant de façon que les repas soient plus agréables ?

— Ouais, maintenant que tu me le dis, je prends conscience que, lorsque Justine invite des amies à la maison, je me fous pas mal de leurs manières à table. Je suis juste content que notre fille ait du plaisir avec elles. J'imagine que les autres parents pensent comme ça aussi. Je vais faire plus attention à l'avenir.

– Merci, Louis. J'avoue pour ma part que je n'osais plus la réprimander, même pour quelque chose d'autre, parce que tu le faisais beaucoup et que je voulais lui donner un *break*. Mais, maintenant que je sais que tu te montreras moins sévère à son endroit, je me permettrai de lui signaler certains autres comportements que je trouve moins acceptables. Sur lesquels devrait-on concentrer nos efforts, selon toi ?

– Voilà qui me rassure, car à certains moments, j'ai eu le sentiment de jouer au policier de service alors que tu te donnais le rôle de la maman *cool*. En ce qui me concerne, je crois qu'on devrait commencer par lui rappeler de ne pas parler la bouche pleine. »

Comme cette interaction entre Caroline et Louis le laisse voir, les conjoints qui parviennent à exprimer leurs émotions en évitant de partir en guerre et de se rejeter mutuellement la faute ont beaucoup plus de chances que d'autres de maintenir ou de retrouver l'harmonie recherchée. L'empathie et la délicatesse constituent en effet les éléments d'une formule gagnante qui permet non seulement de rendre la vie à deux plus agréable, mais également d'aplanir quelques-unes des différences qui agacent.

MIEUX POURVUS

Maintenant que Caroline et Louis se sont dotés d'un certain nombre de moyens pour alléger le ton de leurs échanges et redonner un peu d'élan à leur vie commune, il y a tout lieu de croire que, en continuant d'y mettre le temps, les efforts et la bonne volonté nécessaires, ils arriveront à s'extirper du marasme dans lequel ils se sont retrouvés. Ils devront cependant apprendre à considérer qu'ils sont, et qu'ils demeureront, deux personnes distinctes, avec leurs qualités et leurs défauts.

Bien qu'il leur soit légitime d'espérer que ces spécificités et ces dissemblances s'aplaniront sensiblement avec le temps, il est illusoire de penser qu'elles en viendront à s'estomper complètement. Ce à quoi Caroline et Louis se retrouvent désormais confrontés, au moment où ils entament la seconde partie de leur thérapie de couple, consiste à faire un nombre de concessions comparable à celui qu'ils attendent de l'autre.

Il s'agit non seulement d'un défi, mais d'une promesse d'avenir.

CHAPITRE 7
Ambiguïté pernicieuse

« C'en est trop, Jean-Marc ; il faut que ça cesse. Moi, je n'en peux plus. J'en ai ras le bol de son laisser-aller. Il est temps que tu interviennes auprès de lui de façon plus convaincante, sinon je ne réponds plus de mes actes. »

Félix, l'adolescent de la maison, vient une fois de plus de laisser traîner son panier de linge sale dans le passage conduisant aux chambres. Ce qui ne manque pas, chaque fois, de mettre Josée dans tous ses états, elle pour qui l'ordre et le rangement sont de toute première importance.

« À constater sa négligence et son insouciance, c'est à se demander s'il ne le fait pas exprès. Il préfère s'enfarger dans ses traîneries plutôt que de les ramasser. Et il s'en contrefiche à ce point que, l'autre jour, lorsqu'il a voulu emprunter ma voiture, je me suis mordu les lèvres plus d'une fois pour ne pas lui répondre à la façon dont le fait Yvon Deschamps dans un de ses célèbres monologues : "Pas question… Tout d'un coup que quelqu'un a laissé un panier à linge sale dans la rue, tu le verras pas, tu vas le frapper !" »

Devant un Jean-Marc stoïque, presque impassible, Josée ne peut s'empêcher de monter le ton.

« C'est exaspérant à la longue, tu ne trouves pas ? Il faut sans cesse lui rappeler ce qu'il a à faire et ce qu'il ne doit pas oublier. Il a seize ans, au cas où tu ne t'en serais pas rendu compte ! À cet âge-là, normalement, il devrait commencer à montrer quelques signes de responsabilité. Mais non! Des fois, je me demande si, à huit et dix ans, Xavier et Jacob ne sont pas plus matures que lui...

— Tout de même, Josée, tu ne trouves pas que tu exagères... Bon, j'en conviens, ce n'est pas la première fois que ça arrive, mais je ne crois pas qu'il faille en faire tout un plat pour autant.

— Comment ça, j'exagère? J'aurai bien tout entendu. As-tu déjà pensé à ce que je dois me taper, au retour à la maison, après une journée de fou au travail: le repas du soir, l'aide aux devoirs des deux plus jeunes, le choix des vêtements qu'ils porteront le lendemain, la préparation de leur repas du midi... sans compter, lorsqu'il me reste un peu de temps et d'énergie, la lessive et le repassage. Je considère que, à l'âge où il est rendu, il serait normal que Félix apporte sa contribution.

— C'est bon, j'ai compris, je vais lui parler. Mais il me semble que ce n'est pas une raison pour t'emporter de la sorte.

— J'ai bien hâte de voir ce que ça va donner, parce que les dernières fois où tu es intervenu auprès de lui, les résultats n'ont vraiment pas été très concluants. Depuis que ton fils a accédé au merveilleux monde de l'adolescence, on dirait que toi, tu as senti le besoin d'y retourner. Des fois, c'est à se demander s'il y en a vraiment un qui est plus vieux que l'autre!

— Bon, voilà que c'est reparti...

— Eh bien, non, justement! Il ne faut plus que ça se reproduise, ça doit cesser. Et au plus vite, à part ça. J'en ai assez d'être la bonne de service, tu m'entends?»

RISQUES ÉLEVÉS

Comme le constatent la plupart des partenaires ayant cumulé un certain nombre d'années de vie commune, l'habituation à l'autre, avec ses limites et ses défauts, constitue un défi exigeant et permanent. Nous avons vu précédemment de quelle façon des conjoints comme Caroline et Louis se sont lourdement butés à la tâche. La vie à deux requiert d'autant plus de souplesse et de compromission lorsque, pour une famille reconstituée comme celle formée de Josée et Jean-Marc, un ou des enfants issus d'une première union viennent s'ajouter à ceux qu'a engendrés le couple recomposé. Si les nouveaux conjoints s'y montrent peu ou mal préparés, comme c'est le cas pour la très grande majorité d'entre eux, la dynamique familiale régénérée risque d'être rudement mise à l'épreuve. Et de fragiliser les unions qui la sous-tendent.

Au Canada, les statistiques démontrent que la moitié des premiers mariages se solde par un échec. Pour ce qui est des secondes unions, le taux grimpe jusqu'à 75 %, ce qui a de quoi nourrir les plus grandes préoccupations et ouvrir la porte aux plus vives désillusions. Les difficultés qu'éprouvent ces conjoints *de deuxième génération* à gérer les différentes interrelations qu'une telle recomposition implique constituent la principale raison de ces échecs. Le rapprochement d'enfants nés de parents distincts ajoute au degré de difficulté.

Déjà fragilisés par le sentiment d'avoir perdu la place prépondérante qu'ils occupaient au sein des tandems leur ayant donné vie, et qui, la plupart du temps, avaient accompagné leurs premiers pas, les enfants introduits dans la nouvelle relation de couple de l'un ou l'autre de leurs parents ne s'y accommodent pas toujours aussi harmonieusement que les adultes en cause pourraient le souhaiter. Certains ne se gênent pas pour mener la vie dure à leur nouveau *beau-père* ou à leur nouvelle *belle-mère*, tandis que d'autres cherchent à braquer leur père contre leur mère, ou l'inverse, dans le but, inconscient ou avoué, d'en tirer profit ou avantage. Ce qui oblige les conjoints concernés, soucieux d'assumer leurs responsabilités parentales tout en ne négligeant pas leur nouveau partenaire de vie, à faire montre d'un supplément de souplesse et d'ouverture afin que la dynamique d'ensemble trouve son point d'équilibre.

Alors que Félix n'était encore qu'un bambin, sa mère, insatisfaite de sa relation avec Jean-Marc, a décidé de quitter le foyer familial pour aller vivre seule en appartement. Malgré les contacts rares et ténus qu'elle a continué d'entretenir à distance avec lui, le jeune Félix, grâce à la prévenance et à l'attention constante de son père, n'a pas trop souffert de la déconvenue du couple formé par ses parents.

Il était âgé d'à peine cinq ans lorsque les nouvelles amours de son père ont introduit une mère d'adoption dans sa vie. Le fait que Josée se soit rapidement attachée à lui a cependant facilité l'adaptation à laquelle il s'est vu contraint. Ce n'est qu'à l'adolescence que les relations ont commencé à se distendre et à se complexifier. Toute à l'éducation des deux garçons issus de son union avec Jean-Marc, cette femme de nature rigoriste et perfectionniste a peiné à s'ajuster aux changements d'humeur et de comportement d'un ado qui, même si elle continuait de l'apprécier, n'en demeurait pas moins celui d'un autre.

Avant que Félix aborde cette délicate période succédant à l'enfance et précédant l'âge adulte, Jean-Marc était parvenu à assumer avec habileté, et parfois même ingéniosité, l'ensemble des responsabilités relevant de sa monoparentalité. Soutenu et encouragé par les observations et les commentaires de Josée qui, moins investie émotionnellement auprès de Félix, l'amenait à aborder les petits soucis de la vie quotidienne avec plus de recul, Jean-Marc s'était acquitté fort honorablement du rôle qui lui était dévolu. Il s'est cependant vite retrouvé confronté à ses limites et à son impuissance lorsque cet enfant issu d'une première union a commencé à remettre en cause son autorité et à vouloir affirmer son autonomie et son indépendance.

Il en a été d'autant plus déstabilisé que ce revirement de situation a coïncidé avec l'entrée des deux plus jeunes à l'école de même qu'avec un supplément d'investissement de sa conjointe au travail. Moins disponible pour son adolescent d'adoption, Josée a alors fait le choix de consacrer tout le temps qui lui restait à Xavier et Jacob. « À cette étape de sa vie, se disait-elle, Félix a davantage besoin de son père que d'une belle-mère qui ne cesse de lui casser les pieds avec ses principes et ses règles. »

Ce qui a eu pour effet de passablement insécuriser Jean-Marc. Habitué au soutien et aux encouragements de Josée, qu'il croyait acquis à jamais, il s'est trouvé presque aussi démuni qu'au lendemain de sa douloureuse rupture avec la mère biologique de Félix.

Déstabilisé par le soudain détachement de Josée, et inquiet de ne pas être à la hauteur des exigences qui lui retombaient dessus, il n'a rien trouvé de mieux à faire que de se replier sur lui-même et de se réfugier devant son écran d'ordinateur. Ce qui contrastait singulièrement avec le caractère et le tempérament qu'il avait l'habitude de donner à voir.

Âgé de quarante-huit ans, Jean-Marc est employé de l'État depuis une quinzaine d'années. De caractère plutôt bon enfant, il est reconnu de son entourage pour sa candeur et sa joie de vivre. Très présent pour ses trois fils dans le cadre de leurs jeux et de leurs amusements, il se montre cependant moins enthousiaste et disponible lorsque vient le temps de demeurer auprès d'eux quand ils sont malades ou qu'il faut les accompagner à divers rendez-vous. Ce que Josée considère comme une forme d'inconscience et d'irresponsabilité, et qu'elle ne manque pas, depuis plusieurs mois, de lui reprocher chaque fois que l'occasion lui en est donnée.

Performante et ambitieuse, animée d'un sens aigu du devoir et de la responsabilité, Josée travaille comme gestionnaire de portefeuille pour un important cabinet de comptables du centre-ville. Élevée par un père pour qui l'ordre et la discipline faisaient foi de tout, elle a vite appris que, pour mériter l'amour et l'admiration paternels, elle devait non seulement faire bonne figure, mais aussi briller dans tout ce qu'elle faisait ou entreprenait. La pomme ne tombant jamais loin de l'arbre, elle en est venue, une fois adulte, à ne plus s'accorder aucun droit à l'erreur, tant dans sa vie personnelle que professionnelle.

Même si elle est loin de faire ses quarante-cinq ans, elle n'en présente pas moins tous les signes d'une femme au bord du burn-out professionnel et amoureux. À force de se donner corps et âme pour gravir les échelons à son travail, tout en demeurant d'une présence exemplaire auprès de ses enfants et en continuant de faire montre d'une redoutable efficacité dans la tenue de la maison, elle voit le stress et l'insomnie lui gruger ses dernières forces. Ce qui l'éloigne, chaque jour un peu plus, de celui avec lequel elle partage sa vie.

Bien qu'elle soit tout à fait consciente que son intérêt et ses sentiments pour Jean-Marc sont en train de s'étioler, elle ne se sent plus la force de réagir. Elle a l'impression que son réservoir d'énergie est complètement vide et que seuls Xavier et Jacob sont en mesure de lui soutirer quelques sursauts de vigueur. Même la quête de solutions de secours semble hors d'accès à cette femme constamment en mode survie. Ce qui plonge Jean-Marc dans la plus grande des perplexités, lui qui continue de nourrir amour et admiration pour celle qui lui a donné ses deux derniers fils.

DIFFICILE ÉQUITÉ

Ce n'est pas la première fois que Josée et Jean-Marc en viennent à des mots durs à propos du comportement de Félix. Depuis un certain temps, cependant, leurs prises de bec sont de plus en plus vindicatives et malveillantes. Presque tous leurs échanges, à ce sujet du moins, semblent invariablement voués à l'affrontement. Josée reproche à son conjoint de ne pas s'impliquer suffisamment auprès de son fils de même que dans les tâches domestiques, alors que Jean-Marc, las des réprimandes de sa conjointe par rapport à tout ce qu'il entreprend, résiste ou se désengage au lieu de s'investir davantage. Plutôt que de faire place à une discussion ouverte et posée, dirigée vers la quête de solutions, ces quiproquos entraînent des replis et des fermetures qui rompent toute communication. Les attitudes et les comportements qui en découlent s'apparentent alors beaucoup plus à ceux d'un tandem de colocataires qu'à ceux d'un couple désireux d'apporter les ajustements nécessaires aux différends qui le déchirent.

La négligence et le désintéressement qu'affiche Félix à l'endroit des menues tâches relevant de la vie quotidienne ne sont pas fortuits. Ils découlent d'un héritage dont la transmission remonte loin dans le temps. À une époque encore toute récente, le rôle de pourvoyeurs que détenaient les hommes au sein de la famille leur conférait un énorme ascendant sur les femmes. Bien que la répartition ait pu varier quelque peu d'un foyer à un autre, les fonctions des uns et des autres se trouvaient, de façon générale, clairement définies. Les hommes s'assuraient de générer les ressources financières nécessaires à la survie de chacun, tandis que les femmes assumaient l'ensemble des tâches liées à l'éducation et au bien-être de la communauté familiale. On reconnaissait d'emblée que l'exercice de l'autorité était l'affaire des hommes, alors qu'on estimait naturel que les femmes se consacrent tout entières à la vie de la maisonnée.

Mais l'arrivée massive de celles-ci sur le marché du travail, l'accès à différents procédés contraceptifs, la montée du mouvement féministe, la perte d'influence de la religion, de même que l'instauration de lois régissant les relations de couple et le bien-être des enfants ont eu une incidence considérable sur les relations homme-femme. Bien qu'il reste beaucoup à faire pour atteindre l'équité en toutes choses, force est de reconnaître que les rapports entre les deux sexes tendent de plus en plus vers l'équilibre.

C'est ce qui a amené les femmes, et principalement celles qui sont sur le marché du travail à temps plein, à s'attendre à ce que leurs conjoints assument une part active de responsabilité à l'égard des tâches ménagères. Ce qui ne va pas nécessairement de soi, les hommes demeurant, par instinct ou par habitude, habités d'une nostalgie empruntée aux générations les ayant précédés. Un réflexe qui a le don de faire bondir de colère et d'exaspération une femme comme Josée.

Je n'arrive tout simplement pas à me faire à l'idée que ça puisse être à ce point différent. Dans notre couple, nous avons tous les deux un emploi à temps complet, encore que le mien soit pas mal plus stressant. Pourtant, c'est moi qui me tape la majorité des tâches ménagères. Je cours comme une abrutie du matin au soir, sept jours sur sept. Lorsque je m'arrête un moment pour y penser, ma vie a toutes les allures d'un manège permanent.

C'est incroyable comme Jean-Marc ne voit pas tout ce qu'il y a à faire. C'est comme s'il s'en balançait ou qu'il tenait pour acquis que je vais finir par m'en occuper. Il faut toujours que je sois là pour le rappeler à l'ordre. Je suis fatiguée de chialer pour qu'il participe. Je commence même à me demander si ça vaut vraiment la peine que je me donne du mal à ce point pour le convaincre de s'impliquer. Peut-être qu'au fond il n'en a aucune envie…

Tiens, encore récemment, il a pris sur lui de sortir les ordures ménagères et le bac à recyclage aux jours convenus. Comme s'il s'agissait d'une donnée aussi imprévisible que la météo, il s'est mis à me demander, à tout bout de champ, quel jour passaient les éboueurs. Il y a près de dix ans que le calendrier annuel des collectes est affiché sur le réfrigérateur ! En réaction à une telle négligence, je me mets alors, de peur qu'il oublie de nouveau, à lui rafraîchir sans cesse la mémoire. Ce qui lui donne l'impression d'être contrôlé et gouverné comme un enfant.

L'effet le plus pervers de ce type d'affrontements réside cependant dans la fermeture qui s'ensuit. Excédée d'avoir à revenir continuellement auprès de celui de qui elle attend davantage d'aide et de soutien, Josée se réfugie souvent dans le silence, préférant reprendre le tout à sa charge plutôt que de pousser plus loin une argumentation qui, à son avis, n'aurait aucune chance de produire les effets désirés. Ce qui est loin de la soulager de toutes ses frustrations.

Finalement, j'en ai pris mon parti et je me suis mise à lui en demander le moins possible. Ça n'allège en rien ma tâche, mais je me sens au moins soulagée de ne plus avoir à lui pousser dans le dos. Je continue tout de même de lui en vouloir de ne pas s'impliquer davantage. C'est comme si, d'une certaine façon, il se désolidarisait de moi.

Tout comme Jean-Marc, beaucoup d'hommes sont peu enclins à accorder toute l'attention requise aux besoins et aux attentes de leurs conjointes. Au lieu d'y percevoir ce qui serait en mesure de bonifier leur relation de couple, ils considèrent plutôt l'expression de ces desiderata comme des critiques à leur endroit et des remises en question de leur savoir-faire.

À vrai dire, Josée n'est jamais contente. Lorsque je m'emploie à certaines tâches, elle trouve toujours le moyen de passer derrière et de reprendre le tout à sa manière. À l'entendre, je ne fais jamais rien qui vaille. Soit je ne m'y prends pas de la bonne manière – la sienne, évidemment ! – ou je n'utilise pas les instruments qui conviennent, soit je m'y attelle trop tôt ou trop tard. Finalement, quoi que je fasse ou que j'entreprenne, je me trouve toujours en situation d'échec. À quoi bon, dans ces conditions, chercher à en faire davantage ?

L'expérience de couples ayant franchi ces écueils nous apprend que, pour pallier de telles incompréhensions, certaines femmes auraient tout avantage à établir un ordre de priorité quant à leurs attentes et à leurs exigences. Beaucoup s'éviteraient en effet de nombreuses frustrations en traçant clairement la ligne entre ce qu'elles considèrent comme essentiel et ce qui leur apparaît accessoire. Elles gagneraient également à déléguer plus souvent et à lâcher prise à l'égard des moyens privilégiés par ceux à qui elles s'en remettent. D'autres trouveraient enfin avantage à interpeller leur conjoint de manière à susciter en lui des sentiments de valorisation et d'utilité, plutôt que de multiplier les critiques ou les jugements par rapport à ce qu'il a fait ou ce qu'il s'apprête à entreprendre.

Jean-Marc me reproche souvent d'être trop rigide, de ne pas vouloir entendre raison. Facile à dire quand on compte sur l'autre pour faire pratiquement tout ! Il dit vouloir passer plus de temps avec moi, mais il ne propose jamais rien et n'organise pratiquement jamais de sorties. C'est moi qui dois les planifier, m'arranger avec la gardienne d'enfants, faire le choix du restaurant, de la représentation ou du spectacle auquel nous désirons assister. Si je ne m'en occupais pas, il ne se passerait rien. Je ne peux pas dire que je trouve cela très relaxant.

Pour leur part, les hommes gagneraient à ne pas se sentir personnellement menacés chaque fois que leur conjointe se permet une remarque ou une observation par rapport à ce qu'ils font… ou ne font pas ! Au lieu d'opposer refus ou résistance, beaucoup auraient avantage à faire montre de discernement de façon à tirer profit de la sensibilité et de l'expérience de celles qui, à plus d'un égard, présentent davantage de compétences qu'eux. Il ne s'agit pas ici de réduire les hommes à un rôle de pantins ou de paillassons, mais plutôt de les ramener à celui de partenaires et de complices de leur conjointe dans tous les aspects de la vie les concernant.

Si chacun se replie et campe sur ses positions, c'est l'avenir du couple qui s'en trouve directement compromis. On voit ainsi des femmes, attristées et déçues de l'isolement de leur partenaire, compenser son indifférence et son éloignement en se tournant presque exclusivement vers leurs enfants. D'autres, parvenues aux confins de la désillusion, en viennent à carrément éprouver du ressentiment pour celui de qui elles n'attendent désormais plus rien. C'est malheureusement le cas de Josée.

> *À force de me décevoir, Jean-Marc a perdu l'admiration et l'estime que j'avais pour lui. Je me désole de constater que, avec le temps, nous sommes devenus tellement différents que ce qui m'attirait chez lui au moment où nous avons décidé d'emménager ensemble m'est aujourd'hui devenu insupportable. Jamais je n'aurais pensé que la vie de couple nous aurait menés à cela.*

À croire que le ras-le-bol de Josée est beaucoup plus important qu'elle ne le laisse voir...

RUPTURE DE COMMUNICATION

Lorsqu'une situation se met à déraper, comme c'est le cas présentement pour Josée et Jean-Marc, vient un temps où plus aucune communication n'apparaît possible. Peu importe le sujet abordé, les discussions tournent invariablement à l'échec et à l'affrontement. Excédés par ce cycle intenable, l'un comme l'autre en viennent à éviter tout sujet litigieux. Ce qui réduit passablement les canaux de communication.

L'impasse s'accentue d'autant plus lorsque les femmes insistent pour revenir sur ce qui ne va pas. Agacés, un certain nombre d'hommes en viennent tout simplement à faire la sourde oreille. Mais heureusement, la plupart sont sensibles à la détresse de leur conjointe et souhaitent l'en extirper le plus rapidement possible. Cependant, en prenant sur eux de trouver la solution la plus rapide et la plus facilement accessible, ils ne s'y prennent pas toujours de la bonne façon.

Une bonne part des femmes épuisées ne sont en effet pas à la recherche de solutions, mais plutôt d'une écoute empathique afin d'apaiser leurs malaises. Même si elles n'arrivent pas toujours à l'exprimer clairement, elles souhaitent tout simplement que leur conjoint reconnaisse leurs attentes et leurs besoins, ainsi que leur droit de ressentir certaines émotions. C'est lorsque la réaction recherchée se fait trop longtemps attendre que la frustration et les désillusions finissent par les vider de toutes leurs énergies.

Quand il se retrouve ainsi confronté à son incapacité à soulager celle qu'il cherche pourtant à comprendre et à aider, l'homme a souvent tendance, surtout si la situation se répète, à mettre fin à tout échange et à se retirer. Dans pareil cas, ce n'est pas que ce type de partenaire soit indifférent à ce que l'autre vit, c'est tout simplement qu'il ne sait plus quoi faire. Ce qui amène les conjoints concernés à limiter leurs échanges à des considérations pratiques du genre : « Je vais passer à l'épicerie en rentrant du travail » ou « As-tu pensé à dégager la neige dans l'entrée ? »

C'est souvent à compter de moments comme ceux-là que les partenaires commencent à ressentir une forme ou l'autre d'épuisement et à se désinvestir vis-à-vis de l'autre. On tient son conjoint pour acquis, on lui porte de moins en moins d'attention et on fait peu d'efforts pour se montrer intéressant.

Les rares fois où nous sortons ensemble, de déplorer Josée, j'ai l'impression que nous n'avons plus grand-chose à nous dire, à part discuter des enfants. Il m'est arrivé de vouloir parler de nous deux, en me disant que le contexte s'y prêtait bien, mais Jean-Marc n'a démontré aucun intérêt, s'étonnant même que je revienne une fois de plus sur le sujet. C'est dire à quel point nous habitons désormais sur deux planètes différentes…

Josée est une bonne mère et une femme très responsable, de penser Jean-Marc de son côté, mais on dirait que tout son univers est centré sur les enfants et les soins du ménage. Plus moyen de rire avec elle ! Chaque fois que j'essaie de la taquiner, j'ai l'impression de la déranger et de l'énerver. Une chance qu'il y a les enfants pour mettre un peu d'entrain dans la maison, parce que notre vie de couple est rendue ennuyeuse comme la pluie !

Et voilà que celui et celle qui, à une époque tout de même pas si lointaine, étaient animés d'une passion qui les dévorait, se retrouvent à vivre à la façon de deux colocataires. Pire, de deux mauvais colocataires !

ÉCHANGES RÉVÉLATEURS

— Ouf ! Ça n'a pas l'air d'aller, ma belle…

— Pardonne-moi, Geneviève, nous sommes bousculés de toutes parts au travail ces temps-ci, et je crois que ça commence à me rattraper. Mais je devrais bientôt en voir le bout ; la folie de fin d'exercice financier, comme d'habitude. Encore quelques semaines et tout ça sera derrière moi. Je suis désolée de t'imposer une telle tête.

— Y'a pas de quoi, Josée. Je comprends très bien ; deux vieilles amies comme nous, ça peut bien faire fi de quelques cernes autour des yeux. Mais fais tout de même attention, je te trouve pas mal blême… et amaigrie en plus. Déjà que tu fais envie avec ta taille de guêpe, il ne faudrait pas que tu deviennes à l'image de ces mannequins à la mode qui n'ont que la peau et les os !

Le hasard a peu à voir avec cette rencontre. Invoquant le besoin de se renseigner sur certains aspects légaux en rapport avec le dossier d'un de ses clients, Josée a demandé à voir Geneviève, une avocate spécialisée en droit des affaires dont les bureaux sont situés tout près de son cabinet. Ce qu'elle ne dit pas - parce qu'elle n'arrive pas à le définir clairement elle-même –, c'est qu'elle a un pressant besoin de laisser échapper un peu de la pression qui l'étouffe présentement. Amie de Josée depuis l'époque où elles fréquentaient toutes deux le même collège, Geneviève s'avère la personne toute désignée pour la disposer aux confidences. Il suffit d'ailleurs que celle-ci s'enquière de Jean-Marc, qu'elle connaît fort bien, pour que Josée passe aux aveux.

« Ça ne va pas... En fait, ça ne va plus du tout, réussit-elle à balbutier en éclatant en sanglots. Je ne me sens pas bien. Comme tu vois, un rien me fait pleurer. J'ai énormément de difficulté à trouver le sommeil. À tel point que mon médecin m'a prescrit des cachets pour dormir. Je ne me retrouve plus dans rien. Il y a des jours où je foutrais tout en l'air - conjoint, travail, famille - et où je partirais à l'étranger. Loin et pour longtemps ! »

Il ne fait pas de doute aux yeux de Geneviève que Josée est engagée sur une pente glissante à souhait. Si ses attentes à l'endroit de Jean-Marc ont, comme elle le dit elle-même, passablement été revues à la baisse, ses besoins fondamentaux n'ont pas disparu pour autant. Bien au contraire. Il est clair qu'elle a plus que jamais besoin de se sentir appréciée, acceptée et reconnue, d'être l'objet d'attention et de tendresse, d'avoir du plaisir et d'élaborer des projets avec quelqu'un de qui elle se sente proche.

« Mes exigences sont pourtant assez simples, s'empresse-t-elle d'ajouter avant même que Geneviève ne lui pose plus de questions. Je ne demande même pas à Jean-Marc d'être parfait, je veux juste qu'il se grouille les fesses et qu'il fasse sa part dans la maison. C'est tout. Je sais à quel point je peux être pénible à supporter à certains moments, mais j'estime que j'ai fait de gros efforts pour m'assouplir et me montrer moins exigeante. Malgré tout, il attend encore que je lui dise quoi faire ! Avoue que c'est franchement décourageant... »

SYMPTÔMES ANNONCIATEURS

Si Geneviève avait été une spécialiste de la relation d'aide plutôt qu'une professionnelle du droit, elle aurait remarqué que Josée présente plusieurs des symptômes de dépression inventoriés par le DSM-IV – le *Diagnostic and Statistical Manual of Mental Disorders* –, la quatrième édition du *Manuel diagnostique et statistique des troubles mentaux*. Il s'agit d'un ouvrage de référence, publié par la Société américaine de psychiatrie, répertoriant et classifiant les critères qui servent à reconnaître et à définir les dysfonctions mentales les plus courantes. Voici, selon cette référence, en quoi consistent les signes avant-coureurs d'un épisode de dépression majeure :

- humeur dépressive, signalée par le sujet ou observée par son entourage ;
- diminution de l'intérêt ou du plaisir, signalée par le sujet ou observée par son entourage, se manifestant pratiquement tous les jours ;
- perte ou gain de poids significatif – c'est-à-dire plus de 5 % en un mois –, en l'absence de régime amaigrissant ou engraissant. Diminution ou augmentation, régulière et continue, de l'appétit ;
- insomnie ou hypersomnie se manifestant pratiquement tous les jours ;
- agitation ou ralentissement psychomoteur, observé par l'entourage et manifeste pratiquement tous les jours, sans lien avec un soudain émoi ou un amenuisement d'ordre personnel ;
- perte d'énergie et symptômes de fatigue, réguliers et continus, pratiquement tous les jours ;
- sentiments, réguliers et continus, de dévalorisation inappropriée ou de culpabilité excessive pouvant conduire jusqu'à la confusion et au délire ;
- diminution, observée par l'entourage et manifeste pratiquement tous les jours, des aptitudes à raisonner, à réfléchir et à se concentrer ;

- pensées ou angoisses de mort, fréquentes ou périodiques, excédant la simple peur de mourir. Idées suicidaires qui surgissent souvent à l'esprit, accompagnées ou pas d'un plan défini ou improbable de s'enlever la vie.

Les spécialistes des maladies mentales considèrent qu'il est indiqué de consulter un médecin si au moins cinq de ces symptômes durent plus de trois mois et si rien ne laisse présager quelque amélioration prochaine. Josée est de celles qui correspondent en plusieurs points à ce type de profil.

« Tu sais, Geneviève, j'ai beau vouloir faire semblant et me montrer forte, je n'ai tout de même pas perdu toute ma lucidité, reprend-elle en essayant, tant bien que mal, d'étouffer ses sanglots. Si je suis à ce point mal dans ma peau, c'est que je ne suis plus heureuse dans ma relation de couple, et ce, depuis des années. J'ai mis du temps à me l'avouer parce que la seule idée de me séparer et d'avoir à composer avec les conséquences que cela pourrait engendrer, pour moi et pour ceux que j'aime, me fait paniquer. J'ai deux enfants que j'aime plus que tout au monde ; je n'arrive même pas à les imaginer loin de moi plus d'une journée. »

Comme cela se produit presque invariablement pour chaque femme et chaque homme engagé dans une vie de couple, Josée en est venue à trouver irritantes, sinon insupportables, certaines des imperfections de son conjoint, limites dont elle arrivait pourtant aisément à s'accommoder au moment où l'emballement et la passion donnaient le ton à leurs amours. Mais son insatisfaction et sa frustration sont aujourd'hui à ce point exacerbées qu'elle finit même par penser que Jean-Marc est animé d'intentions malveillantes à son endroit. Si bien qu'elle a abandonné tout espoir de le voir éventuellement revenir à de meilleurs sentiments. Ce qui ne manque pas de provoquer en elle quelques relents de culpabilité.

« Je me sens mal de parler contre Jean-Marc, d'autant plus qu'il n'est pas ici pour se défendre. Tu le connais, Geneviève, tu sais à quel point c'est le genre de gars dont tout le monde cherche à s'entourer. Le problème, c'est qu'il manque d'initiative et qu'il fait souvent montre d'immaturité. Il s'avère le partenaire idéal pour amuser les enfants, mais il n'est d'aucun secours lorsque vient le temps de leur inculquer un peu de discipline. C'est alors moi qui dois intervenir, passant du même coup pour la ronchonneuse de service. Y'a vraiment pas de quoi se réjouir, crois-moi.

« C'est la même chose avec son ex-conjointe. Même si elle a coupé pratiquement tous les liens avec Félix depuis belle lurette, elle ne cesse de talonner Jean-Marc pour toutes sortes de banalités, allant même jusqu'à l'appeler deux ou trois fois, le samedi soir, alors que nous avons des invités à la maison. Trop bonasse pour réagir, il prend le temps de répondre chaque fois ! À certains moments, c'est lui que j'aurais envie d'envoyer promener ! »

Comme si la désillusion et l'abattement ne suffisaient pas, il arrive que des partenaires en proie à l'épuisement amoureux expriment leur frustration et leur colère de manière plus désobligeante que le silence ou le désistement. On voit alors les menaces, les coups et les hauts cris succéder aux injures, aux insultes et aux sarcasmes de tous genres. Il s'agit certes là d'agissements déplorables auxquels il importe de mettre fin le plus rapidement possible. Ils n'en demeurent pas moins révélateurs de l'état de dégradation dans lequel se trouve la relation de couple correspondante.

« Mais il y a une chose que je ne t'ai pas encore dite, Geneviève… As-tu encore quelques minutes ? Il n'y a qu'à toi que je peux faire de telles confidences… »

CONFIDENCE RÉVÉLATRICE

« Depuis quelques mois, j'entretiens une relation secrète avec un de mes clients. Oh ! rien de bien grave. Des textos, quelques appels, une ou deux rencontres au bar du restaurant situé au rez-de-chaussée de l'édifice où je travaille. Tout cela, sans que Jean-Marc en soit informé, bien évidemment.

« Cela a commencé lorsque j'ai accepté son invitation à l'accompagner à un concert. Beau garçon, ambitieux et proactif, il ne me laissait pas indifférente, je l'avoue. Et je me rendais bien compte de la petite lumière qui brillait au coin de son œil lorsqu'il venait au bureau pour réviser ses placements. Mais tu me connais, Geneviève, jamais je ne me serais permis de transgresser mes principes en matière d'éthique professionnelle. D'autant plus qu'il avait déjà quelqu'un dans sa vie et qu'il n'était pas question pour moi d'aller voir ailleurs si l'herbe était plus fraîche que dans ma propre cour. Mais, à compter du moment où il m'a annoncé qu'il venait de se séparer, ma façon de le percevoir a commencé à drôlement changer. Surtout lors de cette première sortie où je me suis sentie envahie de doux frissons chaque fois que j'approchais son épaule ou que j'effleurais son bras.

« Pour ne rien te cacher, il commence à passablement occuper mes pensées. Et encore plus depuis le moment où, après qu'il m'a reconduite à ma voiture, je l'ai laissé m'embrasser. Te dire l'effet... Je me suis sentie comme une adolescente qui en était à ses premiers émois. Mais je te rassure tout de suite, je n'ai pas encore totalement perdu le nord. Je suis bien consciente que de faire entrer quelqu'un dans ma vie, au moment où je me demande si ma relation avec Jean-Marc est appelée à durer, n'est pas l'idée du siècle.

« Lorsque j'arrive à me ressaisir, je me dis qu'il serait plus indiqué de cesser de voir Martin, c'est son nom, de crainte qu'il ne vienne contaminer davantage ma relation avec Jean-Marc ou précipiter la décision que j'aurai finalement à prendre. Mais je n'arrive tout simplement pas à me faire une tête. D'un côté, je me dis que, si je laisse Jean-Marc, il ne faudrait pas que ce soit pour un autre homme, et de l'autre, je me refuse à l'idée de couper tout contact avec quelqu'un qui me conforte en tant que femme. À croire que j'ai vraiment l'art de me compliquer la vie... »

Comme on peut le constater, la confusion et l'inconfort que sème le burnout amoureux chez celui ou celle qui en souffre sont révélateurs de l'impasse dans laquelle se trouve coincée la relation de couple. L'agitation qui en résulte empêche l'épuisé de faire la part des choses puisqu'il n'y voit plus clair. C'est pourquoi une oreille attentive est tout indiquée afin de l'aider à prendre un peu de recul par rapport à ce qu'il vit.

«Ouais, on ne peut pas dire que ta barque vogue sur des eaux calmes, de reprendre Geneviève au bout d'un moment. En ce qui me concerne, sois assurée que je serai toujours là pour t'écouter, aussi souvent et aussi longtemps que tu en sentiras le besoin.» Il n'en fallait pas plus, pour l'instant du moins, pour permettre à Josée de laisser échapper un soupir qui en disait long sur ses états d'âme.

«Je vais probablement sembler prétentieuse de tenir un tel discours, Geneviève, mais en général, je considère que j'ai plutôt bien réussi dans la vie. Élevée par un père d'une discipline et d'une rigueur ne laissant place à aucun écart, qui n'en avait que pour la réussite et le travail, j'ai récupéré ces valeurs à mon avantage afin de prendre du galon et de devenir une des meilleures de ma profession. Ce dont je suis particulièrement fière aujourd'hui, je l'avoue sans ambages.

«Pour ce qui est de ma vie de couple, cependant, il en va tout autrement. Et ça, je n'arrive vraiment pas à l'accepter. Ai-je fait un mauvais choix? Est-ce que je nourris des attentes trop élevées? Suis-je à ce point invivable? Chose certaine, je ne sais plus où j'en suis, et si on m'obligeait, en ce moment même, à choisir entre Jean-Marc et Martin, je ne sais vraiment pas vers qui je me tournerais.»

La situation est on ne peut plus claire; l'évidence parle d'elle-même. Josée est plongée au cœur de ce qui constitue le burnout amoureux. Si elle ne réagit pas rapidement, ou si quelqu'un ne l'incite pas à demander de l'aide, elle risque de s'enliser encore plus. Et de se retrouver dans des impasses encore plus grandes.

DISTANCE GRANDISSANTE

En jouant avec le feu, Josée s'est mise dans l'embarras. Elle croyait pouvoir maîtriser ses sentiments, mais malgré cette petite voix intérieure l'invitant à la prudence, elle n'a pu résister à l'attention que lui prodiguait Martin et qui avait pratiquement disparu de sa relation avec Jean-Marc.

Depuis cette première soirée avec son client, Josée est plus distraite lorsque les enfants lui parlent, elle oublie des choses et porte moins d'attention à certaines tâches. Mais le changement le plus notable s'opère dans son attitude envers Jean-Marc. Elle se montre encore plus critique à son endroit, elle évite sa présence de même que toute proximité avec lui. Autrement dit, il lui tombe littéralement sur les nerfs. Un signe qu'elle est en proie à l'épuisement total.

CONJONCTURES PRÉJUDICIABLES

Tout comme au stade de l'éloignement, certaines personnes épuisées peuvent être prédisposées, de par leur état, à s'intéresser à quelqu'un d'autre. En effet, lorsqu'un conjoint se sent négligé par son vis-à-vis, qu'il se demande s'il l'aime encore, qu'il a l'impression d'avoir tout fait et que rien ne change, il y a de bonnes chances qu'il devienne vulnérable au regard favorable d'un tiers. Si quelqu'un croise sa route et lui manifeste un certain intérêt, comme bien des conjoints malheureux, il risque de ne pas y rester insensible, d'y réagir favorablement et même, dans certains cas, de se montrer ouvert à l'attention du nouveau venu.

Lorsqu'un partenaire se fait avare de compliments au point d'en oublier pourquoi il les avait déjà faits, il n'y a pas à s'étonner que son vis-à-vis devienne sensible aux bons mots des autres. Quand cela fait des mois qu'il n'y a plus de gestes et de touchers qui sont effectués, une attention affectueuse d'un collègue de travail peut provoquer des frissons insoupçonnés. C'est dans ce contexte que des conjoints négligés deviennent plus vulnérables aux avances d'une tierce personne. Alors qu'auparavant, lorsque la relation allait bien, ceux-ci auraient fermé la porte à toute tentative de séduction, ils se surprennent tout à coup à montrer une certaine ouverture à l'intérêt qu'on leur porte. Au début, ils aiment bien croire que tout cela est sans gravité et sans conséquence aucune, mais ils perdent cependant vite leurs illusions lorsqu'ils se rendent compte que leur pseudo-relation évolue vers quelque chose de plus significatif et de plus menaçant pour le couple qu'ils forment déjà.

Les partenaires se retrouvant au sein d'une telle dynamique présentent des façons fort différentes de réagir. Certains vivent ce processus d'éloignement jusqu'au détachement de manière assez discrète, alors que d'autres vont signaler à leur conjoint qu'ils n'en peuvent plus et que, à moins d'un revirement majeur de situation, ils vont mettre un terme à la relation. En ce moment, Josée est totalement partagée entre ces deux façons de faire.

Pour sa part, Jean-Marc se rend plus ou moins compte que sa relation de couple est en train de s'étioler. « C'est pour ton amant que tu te fais belle comme ça ? » demande-t-il à Josée un soir où elle se prépare à aller rejoindre, sous prétexte d'une rencontre d'affaires, le jeune client qui est en train de gagner son cœur. Plutôt que de s'inquiéter de la réponse pour le moins évasive qu'elle lui sert, Jean-Marc se plaît même à penser que, à l'entendre moins pester ces derniers temps, les choses commencent peut-être à se tasser tranquillement. Ce qui constitue, dans les circonstances, une grave erreur d'interprétation.

Lorsqu'une femme comme Josée commence à prendre des distances aussi grandes avec son conjoint et à s'ouvrir, de façon consciente ou non, à une nouvelle relation, c'est que son niveau d'épuisement est tel qu'elle n'entrevoit plus de solution, à court ou à moyen terme, pour relancer ce qui a toutes les apparences d'un véritable burnout amoureux.

Dans un tel état d'épuisement, il est fréquent que le conjoint éprouvé se mette à évaluer de plus en plus souvent le pour et le contre de sa relation conjugale. Une façon de faire qui diffère singulièrement de celle des couples épanouis qui, percevant plus d'avantages que d'inconvénients à vivre ensemble, ne se préoccupent aucunement de procéder à un inventaire régulier de ce qui leur plaît et de ce qui les horripile. Lorsqu'un des partenaires ou, pire encore, lorsque les deux se mettent à se questionner sur l'équité des échanges qui s'opèrent entre eux, il y a tout lieu de croire que ni l'un ni l'autre n'y trouvent leur compte. Il n'y a donc pas à s'étonner que, à la lumière du bilan qu'ils dressent, beaucoup en viennent à penser qu'ils sont victimes d'injustice et qu'ils méritent mieux. Ces déductions précipitées les amènent à faire moins de compromis, à céder moins souvent et à perdre intérêt pour les besoins de l'autre.

C'est à ce moment que l'idée d'une éventuelle séparation commence à faire sérieusement son chemin. Le partenaire le plus affecté évalue alors une à une les répercussions que pourrait avoir une telle décision sur sa propre vie, sur celle de son conjoint, de ses enfants et de son entourage immédiat. Lorsque ce genre de réflexions s'impose à la pensée, cela a comme conséquence première de faire rapidement grimper le niveau d'anxiété du conjoint épuisé. C'est là où en est Josée au moment où elle prend congé de Geneviève à la suite du lunch qu'elles viennent de partager.

«Je ne sais vraiment pas ce qui m'attend au cours des semaines qui viennent, dit-elle en réglant l'addition, mais j'ai l'intuition qu'il y a des choses qui risquent de changer radicalement.

– Chose certaine, je serai toujours là pour toi, lui répond Geneviève, ne l'oublie surtout pas.»

Peut-être n'est-il pas loin, le jour où celle qui se retrouve en plein cœur d'un sévère burnout amoureux aura effectivement besoin de l'aide de l'amie qui se désole de la voir dans un tel état.

CHAPITRE 8
Processus de rapprochement

« Écoute, Louis, je vais probablement te surprendre, mais j'aimerais que nous tirions un trait sur les nombreuses disputes que nous avons eues lorsque mon père a été malade l'an dernier.

— Eh bien, je ne peux pas dire que je m'attendais à un tel retournement de ta part, mais je suis tout à fait prêt à passer à autre chose. Je commençais, moi aussi, à trouver que nos chicanes à ce propos avaient assez duré. »

Bien qu'elle puisse étonner, la magnanimité de Caroline n'est pas feinte. Elle tire son origine d'une toute petite remarque formulée quelques semaines plus tôt par la psychologue au moment où elle se plaignait avec insistance de l'apparent manque de compassion et de sensibilité de son conjoint lorsqu'elle avait dû, à plusieurs reprises, quelques mois auparavant, se rendre au chevet de son père agonisant, un homme qu'elle adorait et de qui elle se sentait particulièrement proche.

« Chaque fois que je me préparais à quitter la maison pour me rendre à l'hôpital, tempêtait Caroline, il me demandait si c'était absolument nécessaire que j'en fasse autant, arguant que la présence de ma mère suffisait amplement et que ma sœur, célibataire sans enfant, pouvait très bien s'impliquer un peu plus. Je l'ai trouvé pas mal mesquin de réagir de la sorte.

— Loin de moi l'idée de prendre le parti de ton conjoint, Caroline, a alors répliqué la spécialiste de la relation d'aide, mais t'arrive-t-il de penser que Louis a peut-être fait tout ce qu'il pouvait dans les circonstances ? »

Bien que ce n'ait pas été là le genre de réaction à laquelle elle s'attendait, cette question a amené Caroline à prendre conscience que, à force de multiplier les blâmes et les reproches à l'endroit de Louis, elle avait non seulement creusé l'écart les séparant, mais que la dégradation de leur relation l'affectait beaucoup plus qu'elle ne le laissait voir.

« C'est vrai que j'ai été injuste envers toi, Louis. En me laissant aveugler par l'inquiétude qui m'habitait au sujet de mon père, j'ai omis de prendre en compte que tu vivais alors d'importants changements à ton travail, que les chantiers routiers qui se multipliaient à travers la ville à ce moment-là allongeaient tes temps de déplacement et que mes absences répétées t'ont obligé à assumer une bonne part des tâches domestiques qui étaient normalement les miennes. Malgré la surcharge qui t'était imposée, tu t'es non seulement fort bien débrouillé, mais tu as même fait en sorte que les enfants ne s'en trouvent aucunement affectés. J'aurais dû me rendre compte de tout ça bien avant ; j'en suis sincèrement désolée.

— Oh ! tu sais, je n'ai pas été seul dans tout ça. J'admets pour ma part que, en m'obstinant à dire que tu te défilais et que la situation de ton père ne nécessitait pas tout ce branle-bas, je n'ai rien fait pour calmer le jeu… »

AMOUR ET ÉQUILIBRE

À la lumière des premières consultations qu'ils ont eues avec la psychologue, Caroline et Louis ont été à même de constater à quel point la distance qui s'était installée entre eux était en train de les affecter sur plus d'un plan. En ce sens, ce qu'ils vivaient n'était pas très différent de ce qu'expérimente l'ensemble des gens qui se trouvent impliqués dans une relation de couple.

Les spécialistes de la relation d'aide s'entendent en effet pour dire que la relation amoureuse, en tant que connexion émotionnelle, occupe de nos jours une place prépondérante dans la vie des gens. Un récent sondage vient d'ailleurs confirmer ces observations: une vaste majorité de Canadiens et d'Américains placent en tête de leurs aspirations les plus chères l'établissement d'une relation d'amour stable et épanouissante. Ils estiment même plus important d'aimer et d'être aimés comme ils le souhaitent que de poursuivre une carrière florissante ou de devenir indépendants financièrement. Ce qui fait dire à certains auteurs que ce besoin d'attachement serait même inscrit dans nos gènes.

Comme le laisse voir le désarroi de Caroline et de Louis, la qualité des relations que nous entretenons avec notre entourage exerce une forte influence sur notre santé. Une chercheuse de l'Université de Chicago avance même que le sentiment de solitude augmente la pression artérielle au point de multiplier par deux le risque de crise cardiaque et d'accident cardiovasculaire. Selon d'autres recherches, le vide émotionnel et la détresse affective, dont celle que peuvent connaître des partenaires impliqués dans une relation amoureuse, affectent les systèmes hormonal et immunitaire de même que la santé mentale, multipliant par dix le risque de dépression majeure.

En contrepartie, une connexion émotionnelle satisfaisante aide non seulement à faire contrepoids au stress, mais à mieux relever les défis de la vie et à réagir aux difficultés quotidiennes. Une étude menée à l'Université de Virginie s'avère particulièrement éclairante à ce propos. Des femmes exposées à une décharge électrique se sont montrées moins tendues et ont éprouvé moins de douleur lorsqu'elles étaient en mesure de tenir la main de leur partenaire. Qui plus est, ce comportement s'est trouvé renforcé lorsqu'il a été observé chez des femmes qui se révélaient heureuses au sein de leur relation de couple.

D'autres recherches ont montré que le rejet et l'exclusion affectent les mêmes circuits nerveux que la douleur physique. Il n'y a donc pas à nous étonner de nous « sentir mal » lorsque les relations avec notre entourage s'effritent ou se brisent. En contrepartie, lorsque nous trouvons réconfort et satisfaction dans nos relations amoureuses, que nous nous sentons près de l'être cher ou que nous partageons une intimité avec lui, nous sommes submergés, en raison d'une réaction cérébrale en provenance de la même partie du cerveau, d'ocytocine et de vasopressine, communément appelées hormones de l'amour. Au moyen d'un enchaînement de réactions chimiques, celles-ci ont la particularité d'inciter les partenaires concernés au calme et au bonheur.

LA THÉORIE DE L'ATTACHEMENT

C'est au siècle dernier que le psychiatre britannique John Bowlby a jeté les bases de ce qu'il est convenu d'appeler la théorie de l'attachement. En travaillant auprès de divers groupes d'enfants, il a été amené à conclure de ses observations qu'un déficit émotionnel entraînait de graves conséquences sur leur développement psychoaffectif et que, par conséquent, il était tout aussi important, dans la vie d'une personne, de créer des liens d'amour que de se nourrir.

Contrairement à ses contemporains, Bowlby croyait que les humains demeuraient influencés par ce besoin d'attachement leur vie durant et que celui-ci se trouvait même à l'origine des relations entre les hommes et les femmes. Au cours de la même période, les travaux du psychologue Harry Harlow sont venus appuyer les recherches de Bowlby. Ses études sur les primates démontraient que les singes séparés de leur mère au cours de leur première année de vie devenaient des adultes socialement handicapés.

Cela n'a toutefois pas empêché la théorie de Bowlby de soulever la suspicion de l'ensemble de la communauté scientifique. À l'époque, en effet, on aimait croire que la maturité était reconnaissable à la capacité d'une personne de faire montre d'indépendance et d'autosuffisance, et que, par conséquent, le besoin d'attachement était un signe d'immaturité. Une conception qui a d'ailleurs préséance chez beaucoup de personnes encore aujourd'hui.

Les scientifiques ne se sont véritablement penchés sur la recherche portant sur l'attachement chez les adultes que vers la fin des années 1980, peu avant la mort de Bowlby. De nos jours, des centaines d'études confirment la pertinence de sa théorie, qui est devenue une référence dans l'univers de la relation d'aide, à savoir qu'un sentiment de connexion sécurisante entre conjoints est la clé d'une relation heureuse.

C'est au renforcement de ce lien essentiel que Caroline et Louis se sont attelés en s'engageant à poursuivre leurs séances de thérapie. Bien qu'ils soient conscients que, malgré toute leur bonne volonté, ils ne retrouveront pas les extases des premiers jours, ils sont bien déterminés à se donner toutes les chances afin de compenser l'éloignement qui s'est installé entre eux et de retrouver le plaisir d'être ensemble.

Ils constatent cependant qu'ils ne pourront y arriver sans apprendre à s'accommoder des traits et des attributs qui les distinguent.

CHANGEMENT DE REGARD

En plus de mieux comprendre ce que pouvait vivre Louis au moment où la maladie de son père l'obligeait à s'absenter plus souvent de la maison, Caroline s'est rendu compte que les disputes et les malentendus au sein d'un couple sont rarement le fait d'intentions malveillantes de l'un ou l'autre des conjoints concernés, mais plutôt le résultat de maladresses, d'incompréhension et parfois même d'incompétence de leur part.

C'est ce qui l'a convaincue, dans un premier temps, d'orienter davantage son regard sur ce qui fait l'originalité et l'unicité de Louis plutôt que sur les aspects de sa personnalité susceptibles de l'agacer ou de lui déplaire. L'idée n'étant pas d'occulter les errements ou les carences qu'il peut afficher - ou, pire, de faire semblant que tout va bien -, mais simplement de considérer l'envers de la médaille.

> *C'est vrai que j'en étais venue à relever tout ce qui me pesait chez Louis. Mais, au lieu de l'inciter à mieux faire, ça n'a fait que nous braquer l'un contre l'autre et nous conforter dans nos positions.*

Maintenant que je porte davantage mon attention sur ce qui va plutôt que sur ce qui cloche, j'apprends à apprécier tout plein de petites choses que je ne voyais plus chez lui ou que je considérais comme allant de soi. Je redécouvre ainsi lentement la chance que j'ai d'avoir à mes côtés un homme organisé et responsable ; ça compense largement mon insouciance et ma dispersion. De plus, il est économe et prévoyant ; de cette façon, je n'ai pas à me soucier des finances familiales. Quel bonheur !

Afin de ne pas retomber dans le schéma négatif que j'avais développé, j'ai depuis un certain temps pris l'habitude de noter dans un petit carnet quelques-uns des mérites et des vertus dont il fait montre au quotidien. Cela me permet de relativiser bien des choses lorsque j'en fais la lecture à la fin du mois. Ça ne fait pas de Louis un Casanova en puissance, mais cette façon de faire m'aide à constater qu'il n'est pas aussi à court de ressources et de qualités que j'en étais venue à le croire.

ESTIME FORMULÉE

Comme Caroline est en train de le constater, le simple fait de poser un regard neuf sur un partenaire de vie ouvre de nouvelles perspectives de rapprochement. Il serait cependant dommage d'en rester là. Une fois que les conjoints qui vivent une forme ou l'autre d'épuisement amoureux ont appris à reconsidérer les attributs positifs de leur partenaire, il importe en effet qu'ils en viennent à formuler l'estime que, malgré leurs différends, ils portent encore à celui ou celle de qui ils se sont distanciés.

Sachant que les êtres humains, dans leur ensemble, sont naturellement portés à faire plaisir aux gens qui les apprécient, le meilleur moyen d'amener un partenaire à changer des attitudes et des comportements qui menacent le couple d'éloignement consiste à reconnaître les initiatives, aussi petites soient-elles, qu'il a mises en avant afin de répondre aux besoins de l'autre et de se rendre à ses désirs.

La pertinence de cette approche repose d'ailleurs sur une foule de données scientifiques. Les recherches des spécialistes du comportement ont en effet établi que la meilleure façon de modifier les agissements d'un individu consiste à lui donner, de la même façon qu'on le fait pour un animal, cinq fois plus de récompenses que de punitions. L'application de telles découvertes à la vie de couple se laisse donc deviner: si un conjoint qui s'estime lésé veut influencer le comportement de son partenaire, il a tout avantage à le complimenter cinq fois plus souvent qu'il ne le critique.

Les conjoints qui privilégient cette méthode répondent ainsi à un besoin fondamental de l'être humain qui est observable dès les toutes premières étapes de vie. Qui n'a pas déjà entendu les enfants solliciter, de manières tout aussi originales que diverses, la considération de leurs parents? «Regarde, papa, je suis presque aussi fort que toi!» s'exclament les uns; «Je suis belle, n'est-ce pas, maman?» demandent certaines; «As-tu vu mon beau dessin, maman?» ou «J'ai couru vite, hein, papa?» disent d'autres.

Bien que cette quête de reconnaissance revête une importance particulièrement grande au moment où se forment la confiance en soi et l'estime personnelle, elle n'en demeure pas moins très présente à toutes les étapes de la vie adulte. Quel que soit leur âge, les hommes et les femmes restent très sensibles à l'opinion des autres, et plus particulièrement à celle qui est émise par leurs proches. Il s'en trouvera toujours pour réagir plus vivement que d'autres aux marques de reconnaissance et de considération dont ils sont l'objet, mais chose certaine, personne n'y est insensible.

J'ai longtemps pensé que j'étais au-dessus de tout ça, de penser Louis, mais force m'est d'admettre que, lorsque Caroline se montre critique à mon endroit, je me braque au lieu de chercher à comprendre. Ce qui montre à quel point je suis loin d'être indifférent à ses dires.

Pour que l'interaction entre conjoints demeure respectueuse et profitable, il est essentiel que les partenaires concernés sentent qu'ils sont l'objet de l'estime de l'autre et que celui-ci nourrit une opinion favorable et fondée à leur égard. On remarque d'ailleurs que, à compter du moment où les propos ou les attitudes d'un des deux conjoints se mettent à renvoyer une image négative du vis-à-vis, l'indifférence et la mésestime, facteurs prépondérants dans l'éclatement d'une relation, prennent rapidement le pas sur la considération et le respect.

C'est la première fois, en près de dix ans de vie commune, que je constate à quel point Caroline peut être sensible aux compliments et aux petites attentions verbales. Même si elle m'a exprimé ses attentes à ce sujet à plusieurs reprises, il a fallu qu'une thérapeute me fasse comprendre et m'explique qu'il était important de dire ce qu'on aime chez l'autre pour que je m'en convainque.

Le défi, par conséquent, pour un couple au bord de l'épuisement comme celui formé par Caroline et Louis consiste à souligner, lorsque les occasions se présentent, les attitudes, les paroles ou les agissements susceptibles de constituer une valeur ajoutée à la relation. Il n'est pas nécessaire que l'autre effectue des gestes ou prenne des initiatives qui sortent de l'ordinaire pour qu'il vaille le coup de le souligner. S'ils se donnent la peine d'y être attentifs, les partenaires concernés constateront que le quotidien regorge de possibilités de ce faire.

Depuis que nous avons entrepris une démarche de rapprochement, je constate que Louis multiplie les galanteries et les attentions à mon endroit. Qu'il s'agisse de sacrifier une partie du match impliquant son équipe favorite, de me soulager des tâches requérant une certaine force physique ou de m'accorder du temps pour souffler un peu lorsque je dois prolonger mes heures de travail à la galerie, force m'est d'admettre qu'il ne ménage pas ses efforts pour me faire voir qu'il tient à moi.

Sachant que ça ne vient pas toujours naturellement chez lui, je n'ai pas hésité à lui faire part de ma satisfaction. Aussi étonnant que cela puisse paraître, j'ai été la première surprise de l'effet que ces quelques petits mots pouvaient produire. C'était comme si on était en train de découvrir une nouvelle façon de se dire qu'on s'aimait.

Comme Caroline est en train d'en faire la découverte, le simple fait de relever ce que l'autre continue de bien faire et de bien dire, malgré ses carences et ses limites, ouvre la porte à une refondation de la dynamique de couple. Si ce genre d'initiative s'ajoute à une diminution significative des reproches, il y a toutes les chances pour que les deux partenaires en tirent profit et se sentent mieux. Ce qui démontre à quel point le type de regard posé sur l'autre peut influencer la qualité d'une relation.

SAVOIR DIRE

Ce ne sont cependant pas tous les conjoints qui éprouvent de la facilité à exprimer spontanément et ouvertement les sentiments qui les animent à l'endroit de leur vis-à-vis. Pour un certain nombre d'entre eux, cette retenue est due à l'appréhension qu'ils en sont venus à développer à l'égard de l'éventuelle réaction de l'autre. Ils craignent en fait que l'aveu de leurs manquements et de leurs limites soit interprété comme une forme déguisée de manipulation et que leur sincérité soit mise en doute.

D'autres se montrent avares de gestes et de mots à l'endroit de leur partenaire parce qu'ils ont l'impression que, en acceptant de s'engager, ils vont susciter la confusion quant au rôle qu'ils sont appelés à jouer par rapport à celui ou celle avec qui ils partagent leur vie. « Je ne suis pas sa mère, diront-ils pour justifier leur résistance, je ne vois pas pourquoi je le complimenterais alors qu'il a tout simplement fait ce qu'il avait à faire. C'est un adulte après tout, je n'ai pas à renforcer son estime personnelle comme le ferait un parent avec son enfant », ajouteront-ils, comme pour éviter de s'impliquer davantage.

Aux yeux de beaucoup, il peut paraître naturel de complimenter quelqu'un de qui on a généralement une image positive, mais c'est loin d'être mon cas. J'angoisse à l'idée de dévoiler mes sentiments parce que ça me rappelle ce que j'ai vécu avec ma mère. Pour moi, établir une relation intime avec une femme, ça équivaut à me laisser envahir, à ne plus avoir de place, à être responsable de l'autre et de son bonheur. J'ai beau me dire que Caroline n'est pas ma mère et qu'elle ne se comportera pas comme elle, la distanciation avec ce que j'ai déjà vécu ne se fait pas aussi rapidement que je le voudrais. Je me rends compte que ce sera long, mais je demeure confiant parce que je sens que des changements d'importance sont en train de s'opérer en moi.

PROFILS TYPES

Cette tendance qu'a Louis à éviter les relations très intimes et à dissimuler sa vulnérabilité, ajoutée à sa difficulté à accorder sa confiance, démontre qu'il fait partie de cette catégorie d'individus, totalisant environ 15 % de la population, que les spécialistes de la relation d'aide qualifient de *détachés*. D'après ce que les chercheurs ont observé, ces gens, le plus souvent des hommes, ont une image assez positive d'eux-mêmes, mais doutent de la capacité des autres à répondre à leurs besoins. Ils sont plus à l'aise dans des relations un peu distantes où il y a peu de dévoilement de soi et où ils peuvent conserver leur indépendance. Appréhendant blessures ou déceptions, ils ont appris à se fier de façon excessive à eux-mêmes plutôt que de chercher du réconfort chez les autres. En général, ils ont plus de facilité à rompre une relation jugée insatisfaisante ou qui demande un engagement à long terme.

Les détachés se distinguent de la catégorie des *préoccupés*, qui constituent pour leur part environ un cinquième de la population totale, avec une légère prépondérance des femmes. Ceux-ci nourrissent une image négative d'eux-mêmes et sont habités du sentiment d'être indignes d'amour. Ils ont toutefois une appréciation somme toute positive des autres, ce qui les amène à rechercher sans cesse leur attention et leur approbation.

Dans leur relation de couple, les préoccupés font montre d'une grande instabilité émotionnelle, de divers signes de dépendance ainsi que d'une forte peur de l'abandon. Ils entretiennent également des attentes exagérées en matière d'amour et de soutien, une très grande vigilance par rapport aux signes de rejet ou de non-disponibilité du partenaire et ils ont tendance à être jaloux. Les préoccupés ont du mal à vivre seuls et tombent très facilement amoureux dès qu'une personne leur manifeste de l'intérêt. Leurs besoins insatiables d'estime et d'attention les prédisposant par ailleurs à la dépendance, ils demeurent souvent dans des relations insatisfaisantes plutôt que d'y mettre fin.

Enfin, les personnes dites *craintives* constitueraient entre 10 % et 15 % de la population. Ces gens ont non seulement une image négative d'eux-mêmes, mais également des autres. Étant donné qu'ils s'estiment peu aimables, ils appréhendent et anticipent le regard des autres qui, à la lumière de leurs expériences passées, ne sont pas dignes de confiance. De par leur personnalité, les craintifs n'en sont pas à une contradiction près : avides de relations fusionnelles, ils sont mal à l'aise dans l'intimité ; impatients d'être rassurés, ils tiennent leur partenaire à distance. En général, il s'agit d'individus solitaires, introvertis et qui manquent de confiance en eux. Leurs relations de couple sont par conséquent souvent empreintes d'amertume et de désillusion.

Ce sont là les profils - détachés, préoccupés et craintifs - susceptibles de jeter un peu de lumière sur ce qui incite des conjoints à amorcer et à maintenir des relations profondes et stables avec celui ou celle envers qui ils sont engagés ou sur ce qui les empêche de le faire.

ÉQUILIBRE RECHERCHÉ

Au nombre des conjoints qui peinent à communiquer, on trouve également ces hommes pour qui le simple fait d'exprimer sans retenue les sentiments qui les habitent, ou de reconnaître l'apport particulier qu'une partenaire peut avoir dans leur vie, les amène à penser qu'une telle attitude pourrait être perçue comme mièvre et molasse, donc en décalage avec l'image machiste qu'on leur a appris à projeter. D'autres enfin en viennent même à penser que, s'ils se montrent trop louangeurs ou complaisants, leur partenaire s'imaginera que tout va pour le mieux dans le meilleur des mondes et retombera dans ses mauvaises habitudes.

Il importe cependant ici de mettre en garde ceux et celles qui seraient portés à ajouter un petit « mais » aux expressions de gratitude et de reconnaissance dont ils font usage à l'endroit d'un conjoint qu'ils cherchent à charmer ou à reconquérir. Qui n'a pas déjà entendu des phrases du genre : « J'ai apprécié que tu t'occupes des enfants le week-end dernier alors que j'ai dû faire quelques heures supplémentaires au bureau, mais tu aurais dû leur donner moins de sucreries et les habiller plus chaudement pour aller dehors. Aussi, la prochaine fois, il vaudrait mieux qu'ils regardent moins la télé. » Exprimer sa reconnaissance en apportant des nuances aussi peu constructives équivaut à offrir des fleurs à quelqu'un et à lui lancer aussitôt le pot.

Enfin, la répétition immodérée des mêmes expressions d'estime ou d'encouragement – du type « C'est beau, ma belle, lâche pas ! » – peut engendrer des résultats tout aussi décevants. Les conjoints, pourtant bien intentionnés, qui sont portés à agir de même trouveraient avantage à changer de registre de temps à autre, sinon ils risquent tout simplement de ne plus être entendus.

ACCUEILLIR ET RECEVOIR

D'autre part, même si le fait d'être l'objet de compliments et de témoignages de gratitude fait généralement plaisir aux gens qui sont concernés, il n'est pas rare que certains éprouvent de la difficulté à accueillir gratuitement et spontanément les bons mots qui leur sont adressés. C'est souvent le cas de ceux et celles qui ont eu à subir les critiques et les reproches de l'autre pendant trop longtemps. Dans leur for intérieur, ils en sont venus à douter de la sincérité de leur vis-à-vis et du fait que cet apparent changement d'attitude puisse s'inscrire dans le temps. Cette suspicion se trouvera d'autant plus forte s'ils ont peu d'estime d'eux-mêmes ou si celle-ci s'est vue affaiblie par le silence de l'autre.

Ça peut paraître étonnant à entendre de la bouche de quelqu'un qui attendait cela depuis des années, mais les premières fois que Louis s'est exprimé spontanément et ouvertement, je me suis montrée plus méfiante qu'accueillante à l'égard de ses propos. C'est comme si une partie de moi avait eu de la difficulté à apprécier son attitude. Je ne pouvais m'empêcher de croire que ça ne durerait qu'un temps et que, tôt ou tard, il finirait par retomber dans ses vieilles habitudes.

Mais, lorsque j'ai vu qu'il persévérait, mes craintes ont fini par lentement s'estomper. Aujourd'hui, je suis plus portée à fermer les yeux sur son manque d'aisance et sa maladresse parce que je sais à quel point il lui faut sortir de sa zone de confort afin de s'ouvrir un peu plus.

Il est intéressant de constater à quel point il en a fallu bien peu pour qu'une nouvelle tangente soit donnée à la relation de Caroline et Louis. Il a suffi d'un minimum de sensibilisation, d'une volonté de changer les choses et d'une décision d'effectuer des gestes bien concrets.

Depuis quelque temps, j'ai remarqué un changement notable de sa part. Oh ! rien n'est encore parfait, mais je trouve qu'il est beaucoup plus tolérant qu'il avait l'habitude de l'être. Il en laisse passer davantage et il fait montre de plus de patience à mon endroit de même qu'avec les enfants. Les résultats sont d'ailleurs palpables. L'ambiance à la maison est meilleure, j'ai moins l'impression de marcher sur des œufs et de m'exposer à ses remarques désobligeantes chaque fois que je ne fais pas ce qu'il attend.

Si certains partenaires échouent dans leur tentative de renverser une dynamique qui leur pèse, c'est souvent parce qu'ils s'y prennent maladroitement. Plutôt que de privilégier le dialogue et l'ouverture, ils multiplient les blâmes et les critiques à l'égard de l'autre, n'hésitant pas, au besoin, à y ajouter cris et menaces. Cette façon de faire permet certes de provoquer une réaction immédiate, et parfois même de générer le changement recherché, mais elle contribue rarement à amorcer des modifications en profondeur. Et elle comporte également un piège.

En effet, si le partenaire en attente de changements obtient, ne serait-ce que temporairement, le résultat espéré, il y a fort à parier que l'autre lui fera savoir, de façon plus ou moins subtile, qu'il ne le fait pas par assentiment ou par désir de changer les choses, mais plutôt dans le simple but d'acheter la paix. En constatant que son insistance et ses menaces ont eu comme effet de contraindre l'autre à adopter un comportement qui n'avait rien de naturel ou de spontané, le conjoint menaçant risque alors de se sentir coupable d'avoir agi ainsi. Ce qui ne fera qu'empirer une situation qui n'avait déjà rien d'agréable.

Pour ce qui est de Caroline et Louis, ils sont encore loin d'avoir retrouvé leur complicité d'antan. Mais en modifiant les regards qu'ils se portent et en réapprenant à apprécier ce qu'ils en étaient venus à ne presque plus voir, ils sont engagés sur la bonne voie pour se rapprocher. Afin qu'ils puissent continuer de progresser, il leur faudra cependant apprendre à se réapproprier ce que les deux spécialistes de la thérapie de couple Andrew G. Marshall et Gary Chapman ont défini comme étant les *cinq langages de l'amour*. Un défi qui leur permettra de voir jusqu'où ils sont prêts à aller pour se retrouver.

DE LA PAROLE AUX ACTES

Lorsque cela fait des mois, et souvent même des années, que le torchon brûle entre deux conjoints, il n'est pas rare de constater que c'est non seulement la communication verbale, mais également toutes les autres formes d'entrée en relation avec l'autre qui se sont dégradées. C'est pourquoi il est important, dans le cadre d'un processus de rapprochement, de considérer les *langages* de Marshall et

Chapman qui, même s'ils peuvent parfois sembler simplistes, n'en continuent pas moins de produire leurs effets. Voici de quelles façons ils peuvent faciliter le rapprochement.

Qu'ils servent à souligner un événement particulier ou qu'ils soient offerts de façon totalement spontanée, les petits présents ne manquent généralement pas de produire leur effet. Recours privilégié de ceux et celles qui peinent à communiquer et à s'ouvrir spontanément, les cadeaux servent à exprimer par le geste ce qui apparaît difficile, sinon impossible à d'aucuns, de transmettre par la parole. Jean-Marc est de ceux qui emploient cette forme de langage.

Le cœur sur la main, toujours prêt à donner à qui le lui demande, il a longtemps usé de ce moyen pour dire à Josée qu'il l'aimait. Peu enclin aux fantaisies et aux extravagances, il avait l'art de faire de judicieux choix parmi les cadeaux les plus classiques, qu'il s'agisse de fleurs, de parfums ou de vêtements. Contrairement à ce qu'il aurait souhaité, cependant, Josée accueillait rarement ce type d'attentions avec un enthousiasme et une joie comparables à ceux avec lesquels Jean-Marc avait pris le temps de faire ses choix. De nature méfiante et circonspecte, Josée ne pouvait s'empêcher de présumer que Jean-Marc agissait de cette façon parce qu'il avait quelque chose à se faire pardonner ou qu'il souhaitait l'emmener au lit. Plutôt que de s'attarder à l'intention qui avait motivé le geste, elle se rebiffait en alléguant qu'il s'agissait d'une dépense inutile et que les sous qui avaient servi à de tels achats auraient pu leur profiter davantage s'ils avaient été consacrés à l'acquisition d'outils de jardin ou de matériaux de rénovation.

À force de constater que ses initiatives tombaient continuellement à plat, Jean-Marc a fini par se lasser et par préférer ne plus rien offrir à Josée plutôt que de provoquer des réactions en tous points contraires à celles qu'il recherchait. C'est dommage, parce qu'en balayant cette forme de langage par laquelle il cherchait à s'exprimer, elle n'a pu entendre tous les « Je t'aime » que de tels cadeaux renfermaient. Mais, avec l'éducation qu'elle avait reçue, peut-être ne fallait-il pas s'en étonner.

Contrainte à continuellement se dépasser, alors qu'elle était encore toute petite, afin de mériter l'amour de son père, Josée n'a pu faire mieux que de reproduire ce schéma dans le cadre de la relation l'unissant à son conjoint. Ainsi, pour une femme comme elle, l'engagement envers l'être aimé se mesure à ce qui peut être fait pour l'autre, les compliments et les cajoleries étant à ses yeux une pure perte de temps et d'énergie s'ils ne sont pas accompagnés d'actions concrètes et mesurables. C'est ce que Marshall et Chapman appellent le langage des petits services rendus.

Plutôt que de couvrir l'autre de cadeaux ou de se confondre en déclarations enflammées, ces personnes préfèrent exprimer leurs sentiments par l'entremise de toute une panoplie d'initiatives et d'actions plus manifestes les unes que les autres. Qu'il s'agisse de la tenue de la maison, de l'élaboration des menus quotidiens ou de l'entretien de la voiture, elles sont toujours prêtes à en faire plus que l'autre en demande. Par un effet miroir, elles vont saisir beaucoup plus facilement et rapidement les sentiments qu'on leur porte s'ils leur sont exprimés par le biais d'attentions similaires à celles qu'elles dispensent autour d'elles. En contrepartie, lorsque les gestes ne suivent pas la parole, des personnes comme Josée risquent de se sentir négligées ou mal aimées, même quand cela est sans équivalence avec les faits.

Bien qu'elles se veuillent représentatives des intentions les plus louables, ces façons de s'activer dans le but de s'ouvrir à l'autre ne créent pas toujours les effets escomptés. Ainsi, même si Josée ne ménage aucun effort pour que tout son monde ne manque de rien, la pression qu'elle se met sur les épaules pour répondre aux exigences qu'elle s'impose la rend souvent tendue et irritable. Ce que ne manque pas de déplorer son conjoint. Pour Jean-Marc, en effet, il importe bien peu que Josée veille méticuleusement à ce que les menus quotidiens répondent à tous les critères d'alimentation bio et santé, que la maison reluise comme un sou neuf et que le programme d'entretien de la voiture soit respecté à la lettre. Même s'il apprécie son souci de l'excellence et de la perfection, il préférerait grandement que sa conjointe montre un peu plus de flexibilité et de disponibilité pour se livrer à des activités en couple ou en famille. Voici donc des partenaires qui auront à faire un certain nombre d'ajustements s'ils veulent trouver un terrain où ils puissent se rejoindre.

S'il est des conjoints, comme Josée et Jean-Marc, qui peinent à transmettre avec des mots les sentiments qu'ils souhaitent communiquer à leur vis-à-vis, il en est d'autres pour qui ce qui est explicitement nommé revêt une valeur considérable. Pour eux, c'est à ce point essentiel qu'ils en viennent même à établir une corrélation directe entre absence de mots et carence d'amour. Ce qui démontre toute l'importance que revêt, dans le cadre d'une relation de couple, l'expression de paroles valorisantes, la troisième forme de langage amoureux définie par Marshall et Chapman.

Caroline est de celles pour qui les « Je t'aime » et les petits mots doux sont beaucoup plus qu'un caprice d'adolescente ou une fantaisie de passage. Bien que ce soit encore ce qui lui manque le plus dans sa relation avec Louis, sa récente sensibilisation aux différents langages amoureux l'amène à comprendre que ce n'est pas parce que la forme d'expression utilisée par son conjoint est différente de celle qu'elle souhaiterait entendre qu'elle s'en trouve moins aimée pour autant. Ainsi, lorsqu'il lui dit « Cet ensemble te va réellement bien » ou « Ton repas de ce soir était particulièrement réussi », elle comprend de plus en plus que c'est sa façon à lui de lui faire part de son amour et de son estime pour elle.

Pour sa part, même s'il n'est pas le conjoint le plus loquace et le plus volubile lorsque vient le temps d'exprimer ses sentiments, Louis n'en demeure pas moins à la recherche de moments privilégiés où Caroline et lui seraient en mesure de se retrouver sans qu'il leur faille tout expliquer et tout formuler. En ce sens, il rejoint le quatrième type de langage amoureux défini par Marshall et Chapman, soit celui consistant à partager des moments de qualité avec son partenaire.

Je ne suis pas du genre à m'asseoir avec mon amoureuse et à discuter de tout et de rien comme elle le fait avec ses copines, de penser

Louis. Je préférerais de loin m'adonner à un passe-temps exigeant effort physique ou dextérité intellectuelle, comme la course à pied et les jeux de société. Mais je me rends compte que ce n'est pas le genre d'activités qui répond aux intérêts de Caroline.

L'espace d'un moment, au tout début de leur vie à deux, Louis a bien souhaité que la pratique du jogging puisse devenir ce lieu de rencontre et de communion recherché. Mais il a vite constaté que Caroline, peu portée sur l'exercice physique, s'épuisait à essayer de le suivre. Mal à l'aise de le ralentir, et malgré toute sa bonne volonté, celle-ci a vite abandonné. L'un comme l'autre auraient bien aimé trouver une solution de remplacement, mais l'arrivée des enfants est venue occuper pratiquement toutes les plages de temps dont ils disposaient.

Je trouve dommage que, depuis tout ce temps, nous n'ayons pas trouvé une activité qui nous convienne. C'est comme si la seule chose que nous soyons arrivés à faire ensemble, c'est de partager des responsabilités familiales. Mais je ne perds pas espoir, et je commence même à penser que cela pourrait changer.

Certains auteurs, dont la célèbre anthropologue Helen Fisher, insistent sur l'importance qu'il y a pour des partenaires de vie à se retrouver dans des contextes variés et différents de ceux qu'ils ont l'habitude de connaître. Les recherches ont en effet démontré que la nouveauté et la rupture de routine stimulent certaines régions du cerveau qui prédisposent les partenaires à des rapprochements plus manifestes et même plus intimes.

Il est cependant possible que des conjoints ayant négligé depuis longtemps de s'accorder des moments de qualité ressentent un certain inconfort à l'idée de se retrouver en compagnie de l'autre sans autre motif que de vouloir être bien ensemble. Pour ceux et celles qui ne sauraient trop de quelle façon s'y prendre, ou qui craindraient de voir réapparaître leurs anciennes chicanes, voici quelques suggestions favorisant la réussite de moments propices au rapprochement, qu'il s'agisse d'une sortie récréative ou d'une activité socioculturelle :

- Afin que l'expérience revête le caractère privilégié qui lui est conféré, il est essentiel que les partenaires évitent préalablement toute situation pouvant susciter des tensions et des conflits. Si une dispute ou une controverse surgit au cours des heures précédant la sortie ou le départ, il importe que chacun fasse un effort pour se réconcilier avant d'amorcer ce que, ensemble, ils avaient convenu de réaliser.
- Au cours du déroulement de l'activité en question, il importe que les conjoints ne discutent pas des problèmes se trouvant à la source de leurs conflits et qu'ils privilégient plutôt des sujets ne portant pas à controverse. Si l'un des deux tente d'aborder un sujet litigieux, l'autre verra à l'en dissuader rapidement en lui rappelant délicatement que ce n'est pas le moment pour ce faire.
- Dans le même ordre d'idées, les conjoints qui prévoient faire une activité d'agrément en soirée auront tout avantage à ménager leurs efforts au cours des heures qui précèdent. Ce n'est surtout pas le temps de faire la lessive et le repassage, d'entreprendre le grand ménage de la maison et de faire les courses. Cette précaution a pour objet d'éviter que l'un ou l'autre des conjoints, ou même les deux, se retrouve à ce point épuisé qu'il préfère demeurer à la maison pour se reposer plutôt que de se prêter, comme il était prévu, à l'activité convenue.
- Enfin, il importe que les partenaires concernés trouvent des activités à la mesure de leur budget. Point besoin de disposer d'une importante somme d'argent pour réaliser des sorties agréables et distrayantes. Mis à part les frais de gardienne d'enfants, pour qui en a encore à la maison, nombre d'activités sont non payantes ou très peu coûteuses. Qu'il s'agisse de concerts gratuits offerts dans le cadre de festivals populaires, de rencontres sportives de niveaux

amateur ou semi-professionnel, de vernissages ou d'expositions dans les centres socioculturels de quartier, de conférences dans les institutions d'enseignement, de randonnées à pied ou à vélo dans un parc régional, une recherche attentive aux attentes et aux besoins de chacun permettra d'en trouver pour tous les goûts et tous les portefeuilles.

Les sorties de ce genre prédisposant, du moins mentalement, aux rapprochements de toutes sortes, il est possible que l'un ou l'autre des partenaires, particulièrement heureux de la tournure des événements, souhaite profiter de l'occasion pour amorcer certains rapprochements plus personnels ou intimes avec celui ou celle de qui il s'était éloigné. Marshall et Chapman définissent cet engagement supplémentaire envers l'autre - le toucher physique - comme le cinquième langage de l'amour.

Même s'il s'agit là d'un moyen privilégié de reprendre le contact, les spécialistes de la relation de couple insistent pour rappeler que la satisfaction sexuelle n'a rien à voir avec la diversité des techniques de copulation employées, le nombre d'expériences cumulées, le volume du pénis de monsieur ou le tour de poitrine de madame. Le contentement recherché relève plutôt de la force d'attachement que les partenaires concernés sont en mesure de susciter chez l'autre.

S'il n'en tenait qu'à Caro, nous passerions des heures lovés sur le canapé à nous cajoler et à nous dorloter. Je n'ai rien contre les gestes affectueux, mais s'il n'y a aucune chance que tout cela nous conduise plus loin, je déchante rapidement. Pour moi, de l'affection sans sexe, c'est un peu comme se faire passer sous le nez une tarte aux pommes fraîchement sortie du four sans pouvoir en manger. C'est frustrant !

Se sentir bien dans une relation et proche de l'être aimé constitue le meilleur aphrodisiaque qui soit. Les recherches indiquent en effet que ceux et celles qui peuvent compter sur le soutien émotionnel de leur partenaire sont portés à mieux apprécier les rapports d'ordre sexuel et à faire l'amour plus souvent. Mieux encore, plus des partenaires se sentent émotionnellement en sécurité, plus ils éprouvent de la facilité à exprimer leurs besoins et à se laisser aller lorsque vient le temps de passer à l'acte.

Ce que j'avais le plus besoin de sentir avant de me jeter à nouveau dans les bras de Louis, c'est qu'il s'implique à fond dans la thérapie de couple que nous avions entreprise. Non pas en fonction du supplément de plaisir sexuel qu'il pourrait en retirer, mais bien par considération pour moi, parce que j'étais importante à ses yeux.

Je sais que ça n'a pas toujours été facile pour lui, mais sa persévérance a fini par me convaincre de ses bonnes intentions. Comme il m'a montré qu'il tenait à moi pour ce que j'étais, la méfiance a lentement cédé le pas à la confiance et à l'agrément. Et les résultats n'ont pas tardé à se faire sentir. Au cours des dernières semaines, je me suis même surprise, à plus d'une reprise, à lui faire quelques avances concluantes.

Si cela fait des mois, et peut-être même des années, que des partenaires ont espacé leurs relations intimes, il se peut que les premières tentatives de rapprochement s'avèrent gauches et parfois même décevantes. Il importe alors de ne pas se décourager et de ne surtout pas abandonner. Pour ceux et celles qui appréhenderaient ces moments, voici quelques suggestions susceptibles de favoriser des rapprochements plus personnels :

- Remémorez-vous quelques-uns des moments où vous avez eu, de part et d'autre, le sentiment de vivre une sexualité qui correspondait à vos besoins et à vos attentes. Prenez le temps de relever les attitudes et les gestes de votre partenaire qui vous ont particulièrement plu.
- Si vous nourrissez des craintes à l'égard de nouveaux rapprochements intimes, n'hésitez pas à les partager avec celui ou celle que cela concerne directement.

- Faites connaître à l'autre ce qui vous allume et vous stimule (massages corporels, jeux érotiques, lingerie fine, etc.). Ces préférences ne doivent cependant pas être formulées en termes d'exigences ou de contraintes, mais plutôt de repères pouvant servir à l'autre à vous donner du plaisir.
- Ne portez pas de jugement sur les fantasmes ou les préférences sexuelles de votre partenaire. Faites-lui plutôt part de votre degré d'ouverture ou d'inconfort devant les attentes qu'il exprime.
- Évitez de critiquer les comportements de l'autre lors des échanges intimes. Sensibilisez-le plutôt à la façon dont vous aimeriez qu'il vous approche, en n'hésitant pas, au besoin, à le guider vers ce qui vous ferait plaisir.
- Montrez-lui que vous appréciez ce qu'il fait. En matière de sexualité, le meilleur stimulant est de constater l'excitation de son partenaire.
- Si vous allez jusqu'à avoir des relations sexuelles complètes, ne visez pas la performance ni l'orgasme à tout prix. Cherchez plutôt à être à l'aise et à avoir du plaisir.
- Enfin, évitez de tomber dans le piège de la comparaison avec ce que font ou disent faire d'autres couples, ou encore ce que prônent les tendances à la mode. Rappelez-vous que la relation avec votre partenaire est unique et que personne d'autre que vous ne détient le mode d'emploi concernant vos rapprochements intimes.

Bien qu'il s'agisse d'un langage amoureux privilégié, il est fort possible – et légitime ! – qu'un nombre significatif de partenaires, toujours blessés ou méfiants à la suite d'un trop long éloignement, ne s'estiment pas disposés, du moins à court terme, à se laisser aller à cette forme pour le moins intime de communication. Lorsqu'une relation s'engage dans une phase de relance, il est tout à fait normal, et souvent même souhaitable, qu'il y ait gradation dans les actions à entreprendre. Tout est une question de mesure et de patience.

GRANDIR ENSEMBLE

À travers ce qu'ils vivent depuis qu'ils ont décidé de se donner une seconde chance, Caroline et Louis ont été en mesure de constater l'importance que peuvent revêtir l'ouverture et l'estime réciproque dans le cadre d'un processus de rapprochement. Mais la refondation d'une relation de couple satisfaisante et constructive ne tient pas qu'à ces seuls éléments. L'attention portée aux intérêts de l'autre, ajoutée à la volonté de le voir se rendre au bout de lui-même, constitue également un puissant levier de relance.

De nombreux thérapeutes affirment en effet qu'un des principaux facteurs de réussite dans une vie de couple tient non seulement au fait d'encourager l'autre à devenir ce qu'il est, mais également à celui de l'aider à y parvenir. L'éminent psychiatre américain Scott Peck, auteur du *best-seller* mondial *Le Chemin le moins fréquenté*, n'a pas manqué de souligner l'importance de cette composante dans la perception qu'il a de la vie à deux. « L'amour, avance-t-il, c'est la volonté de se dépasser dans le but de nourrir sa propre évolution de même que celle de quelqu'un d'autre. »

Une relation de couple qui se veut constructive et épanouissante pour les deux partenaires concernés aura donc tout avantage à tenir compte de cette dimension d'encouragement mutuel de manière que chacun réalise, de façon distinctive, mais non moins accordée, son plein potentiel. Mais encore faut-il que les deux conjoints portent et nourrissent cette constante préoccupation à l'égard de l'autre. Combien d'entre eux passent en effet des années à côté de quelqu'un sans vraiment se soucier de ses aspirations profondes ?

Dans notre société occidentale où tout va très vite et où la multiplicité des responsabilités finit par accaparer l'ensemble des énergies et des disponibilités, rares sont les gens qui prennent le temps de se distancier de la folie environnante afin de se connecter à ce qui les allume ou à ce qu'ils désireraient réaliser. Pour la majorité d'entre eux, les responsabilités familiales et les impératifs professionnels prennent toute la place. Coupables à l'idée même de s'accorder un peu de temps ou de faire une activité qui leur soit agréable, ils se montrent d'autant plus hésitants à poser un socle à leurs rêves. Il n'y a donc pas à s'étonner qu'ils se soucient peu de ceux de leur conjoint.

Pourtant, ce type d'attention ne nécessite pas une révision complète des rapports existants. Pour que l'autre puisse laisser cours à ce qu'il convoite en secret ou entreprenne des projets laissés en plan, il suffit parfois que son vis-à-vis prenne les enfants à sa charge un peu plus souvent, qu'il assume quelques tâches domestiques de plus, qu'il lui apporte un soutien logistique ou financier, ou encore qu'il participe, tout simplement, de façon active et intéressée, à ce qu'il mijote ou planifie.

Encore faut-il, cela va de soi, que les projets en question ne contreviennent pas aux valeurs personnelles et familiales sur lesquelles les conjoints concernés ont choisi, d'un commun accord, de poser les fondements de leur relation. À titre d'exemple, une réorientation professionnelle, aussi avantageuse soit-elle, nécessitant de longs séjours dans un pays au climat sociopolitique instable serait ainsi à exclure. De même en irait-il de l'échangisme sans protection lorsque l'exclusivité, le bien-être physique et l'équilibre émotionnel font partie des valeurs privilégiées par le couple.

Il importe de la même façon que la valorisation des rêves et des aspirations de l'un ne se fasse pas au détriment de ceux de l'autre. Il est certes généreux qu'un conjoint s'efface temporairement afin de permettre à l'autre de se rendre au bout de ses aspirations, mais il convient que celui-ci fasse montre à son tour d'une abnégation comparable lorsque son vis-à-vis désirera faire de même ou qu'il en aura l'occasion. La plus-value, en matière de rapprochement, qui en résultera ne s'en trouvera que renforcée, procurant ainsi à l'un et à l'autre conjoint le véritable sentiment d'*être en couple.*

Un objectif qui, bien que recherché par le tandem formé de Caroline et Louis, n'en continuera pas moins d'exiger d'eux temps et patience.

RÉAJUSTEMENTS PROFITABLES

Caroline et Louis constatent en effet que, depuis la naissance de leurs enfants, ils ont non seulement mis leur vie de couple en veilleuse, mais qu'ils se sont également négligés en tant qu'individus. Sportif trouvant dans l'activité physique une compensation à la vigilance intellectuelle dont il doit faire montre au travail, Louis a progressivement ralenti la cadence jusqu'à ne plus rien faire du tout. Quant à Caroline, une touche-à-tout qui avait l'habitude de ne rien rater de ce qui se passait dans sa région sur le plan culturel, sa vie en est venue à presque exclusivement tourner autour de Justine et Thomas. Une situation qui n'est pas sans provoquer quelques frustrations chez l'un comme chez l'autre.

Comme plusieurs mamans qui peinent à concilier travail et famille, je ne peux pas dire que j'ai toujours applaudi au fait que Louis parte courir lorsque c'était le temps de donner le bain aux enfants et de les mettre au lit. J'avais alors l'impression d'être reléguée à des fonctions de service. Frustrée et irritée, je n'ai pas toujours eu une façon très élégante de lui faire part de mon mécontentement et de mon indisposition. Je comprends aujourd'hui que, exaspéré de mes colères, il ait fini par ranger ses espadrilles et sa raquette de tennis.

Je me suis cependant rendu compte de tout l'impact que cela avait eu sur lui lorsque, il y a quelques mois, après que nous nous sommes pris aux cheveux – encore une fois ! – pour une question de pantalons à repasser et de meubles à épousseter, il m'a dit qu'il se sentait en prison à la maison et qu'il avait l'impression de ne plus avoir de vie. Constatant à quel point le fait de bouger était important pour lui, je me suis permis, lors d'une récente conversation, de revenir sur le sujet à un moment où je nous sentais plus disposés à reconsidérer le tout. Après avoir évalué différentes possibilités, nous avons convenu qu'il pourrait, à moins d'imprévus vraiment majeurs, courir deux soirs par semaine et jouer au tennis avec des amis le samedi matin.

En réaction à la souplesse et à l'ouverture que j'ai démontrées, Louis m'a spontanément proposé de laver la vaisselle, de ranger la cuisine et de préparer les lunchs pour le lendemain les soirs où il irait courir. Qui plus est, il m'a même offert d'accompagner les enfants à leurs cours de natation, le dimanche en matinée, afin que je puisse dormir plus longtemps.

Ces petites attentions pour ce qui est en mesure de faire la différence dans la vie de l'autre peuvent donner le courage à certains conjoints de se permettre des audaces qui, en d'autres temps, auraient semblé impossibles. Cela a d'ailleurs été le cas lorsque Louis s'est fait offrir le nouveau poste de coordonnateur au bureau d'ingénieurs qui l'employait.

Le hic, c'est qu'on exigeait des candidats potentiels qu'ils possèdent une maîtrise en génie civil, ce que je n'avais pas. Mes patrons, désireux que je poursuive ma progression dans l'entreprise, m'ont bien offert de couvrir tous les frais liés aux deux années de cours du soir qu'il me faudrait suivre, mais encore fallait-il que je me montre prêt à sacrifier de nombreux week-ends pour effectuer les travaux s'y rapportant.

C'est là que j'ai constaté que les choses étaient en train de changer de façon notable entre Caroline et moi. Au lieu de me rabrouer d'emblée et de me dire d'oublier ça, elle a plutôt pris le temps de s'informer sur les avantages que présentait une promotion du genre de même que sur les éventuelles implications qu'un tel retour aux études pourrait avoir sur l'ensemble de la dynamique familiale. Elle a même dit qu'il pouvait s'agir d'un moment propice pour aller de l'avant !

Les enfants étant à l'âge où il est plus facile de les faire garder, nous avons évoqué différentes possibilités, comme celles d'embaucher une aide ménagère toutes les deux semaines, de demander à ma mère d'aider à la préparation des repas ou d'accepter l'offre de gardiennage de mes beaux-parents qui ne cessent de répéter qu'ils aimeraient voir Justine et Thomas plus souvent. À force d'en parler et d'évaluer ce projet sous tous ses angles, la possibilité qu'il se réalise devient de plus en plus probable. Je n'en reviens toujours pas.

Le plus beau dans tout cela, c'est que l'augmentation substantielle de mon revenu pourrait nous permettre de réaliser notre rêve d'avoir un pied-à-terre à la campagne. Dès que l'on s'éloigne quelque peu de la ville pour faire une balade en auto ou visiter la parenté éloignée, Caroline ne manque jamais une occasion de me rappeler le plaisir qu'elle éprouvait de se retrouver au chalet de ses parents lorsqu'elle était petite. Je n'ai pas besoin de la questionner bien longtemps pour constater à quel point elle aimerait répéter l'expérience avec les enfants.

Les discussions que Caroline et Louis ont eues à ce propos au cours des dernières semaines n'ont pas manqué de les rapprocher et de faire diminuer certaines des tensions existantes. Petit à petit, ils mesurent à quel point le flot de la vie et le cumul des responsabilités les avaient éloignés l'un de l'autre. Bien qu'il soit nettement trop tôt pour parler d'une sortie de crise – et d'épuisement ! –, l'ouverture et l'aisance qui teintent de plus en plus leurs échanges les amènent à croire qu'ils sont engagés sur une voie qui a toutes les chances de remettre leur relation sur les rails et de les ramener à des sentiments que, à certains moments, ils avaient cru taris à jamais.

UN PAS DE PLUS

Bien qu'ils apprennent progressivement à faire davantage montre de souplesse dans leurs attentes à l'endroit l'un de l'autre, il est à prévoir que ces deux conjoints continueront de faire face à des situations où leur bonne volonté et leur désir de se rapprocher ne suffiront pas à surmonter certains des écueils qui les auront particulièrement blessés ou déçus. C'est alors que, avant que la colère et le ressentiment ne viennent à nouveau tout compromettre, ils auront à considérer les avantages que peut présenter une démarche de pardon.

Il importe tout d'abord de rappeler que pardonner n'est pas synonyme d'oublier les faits, d'excuser l'inexcusable, de cautionner un comportement inacceptable ou de renier les valeurs auxquelles on croit. Pardonner signifie plutôt ne plus en vouloir à l'autre, se libérer du désir de se venger et se refuser à utiliser l'inconduite de l'autre pour le menacer ou le faire souffrir.

On reconnaît une démarche de pardon véritable lorsque celui qui en est venu à passer l'éponge n'est plus absorbé par l'expérience qui l'a vexé, n'est plus habité par la colère ou le ressentiment et ne se considère plus comme une victime. En général, une démarche de pardon nécessite beaucoup de temps, mais elle se trouve facilitée lorsque celui ou celle qui est en défaut présente minimalement les trois attitudes suivantes :

- il manifeste de la compréhension et de la compassion pour la personne qu'il a blessée ou lésée. Il évite surtout les remarques arbitraires du genre : « Tu t'en fais pour rien ; tu es trop sensible » ou « Tu t'énerves sans raison » ;
- il reconnaît les erreurs commises et présente ses excuses, avec sincérité, pour le tort qu'il a pu causer ;
- il se montre enfin tout à fait disposé à entreprendre les changements qui réduiront ou élimineront les possibilités de récidive.

Il s'agit là d'éléments fort sommaires concernant une démarche qui comporte, dans les faits, de nombreuses exigences. Ceux et celles qui souhaitent en apprendre davantage sur ce sujet à la fois complexe et prometteur apprécieront l'ouvrage *Comment pardonner ?* de Jean Monbourquette, la référence en la matière.

TEMPS ET PATIENCE

Toutefois, même lorsque toutes les démarches de rapprochement ont été enclenchées, il est possible que les transformations et les changements d'attitude espérés tardent à se manifester. Il importe alors de ne pas se décourager et de se donner un peu de temps. Trop de conjoints s'attendent que leurs initiatives provoquent des réactions immédiates chez l'autre. C'est ignorer que le scepticisme et la méfiance résultant des différends cumulés ne s'estompent pas comme cela, du jour au lendemain.

Plus la relation se sera dégradée, plus il faudra mettre du temps pour la relancer. Autant le partenaire négligent aura besoin de temps et d'indulgence envers lui-même pour enclencher des transformations pérennes, autant le partenaire épuisé aura besoin de démonstrations et de preuves pour se sentir rassuré quant au bon vouloir de l'autre. Mais le temps et les bons soins ne manquent généralement pas de faire leur œuvre. Ils favorisent non seulement la transformation des conjoints les plus maladroits, mais également le renforcement de la dignité et de l'amour-propre de leurs vis-à-vis meurtris.

Il n'existe cependant aucune garantie que tout cela se produise comme souhaité. Les ravages de l'éloignement variant d'un couple à un autre, il se peut que certaines tentatives de rapprochement s'avèrent infructueuses. Pendant combien de temps faut-il alors persévérer avant de considérer des solutions plus drastiques ? Si, après que les approches précédemment suggérées ont été multipliées pendant au moins quatre mois, il apparaît évident que l'autre ne fait montre d'aucun intérêt manifeste à s'investir davantage, il convient alors d'en discuter avec lui pour en comprendre la cause.

Les raisons de son attitude peuvent être multiples. Soit il est encore trop troublé et il éprouve de la difficulté à déterminer clairement ce qui ne va pas. Soit, malgré le fait qu'il soit conscient des efforts de relance jusque-là déployés, il s'estime encore trop offensé et il a besoin d'encore un peu de temps. Soit il n'éprouve plus du tout d'amour pour celui ou celle qui s'est épuisé à l'intéresser de nouveau à la relation, mais il ne se sent pas prêt à amorcer la séparation. Soit il est déjà investi dans une relation parallèle et il attend le bon moment pour le dévoiler. Soit, enfin, il manque de courage pour donner les vraies raisons de son désintéressement et de sa fermeture.

Heureusement, Caroline et Louis n'en sont pas à ce stade. Ils possèdent maintenant quelques outils pour renverser la tendance, particulièrement dangereuse, que leur vie de couple avait prise.

Même s'ils sont bien conscients - comme ils ont eu l'occasion de le lire récemment dans un ouvrage qui leur avait été conseillé - qu'il n'existe pas un seul homme ou une seule femme sur terre en mesure de satisfaire entièrement les attentes et les besoins d'un conjoint, aussi idéal puisse-t-il apparaître à leurs yeux, ils sont confiants dans le fait qu'ils finiront par retrouver entre eux une connexion sécurisante, clé de voûte d'une relation de couple aspirant au bonheur et à la durée.

Dans leur cas, tous les espoirs sont permis, car ils semblent accompagnés de vents favorables pour ce faire.

CHAPITRE 9
Le temps des décisions

« Pour tout te dire, Geneviève, je passe la majeure partie de mon temps à penser à la situation que je vis avec Jean-Marc et à ce que je devrais faire pour m'en sortir. Ça m'obsède littéralement !

« Certains soirs, quand il s'isole devant son ordinateur et qu'il y passe le plus clair de sa soirée, je me dis qu'il n'y a rien à faire et que la séparation est la seule option valable. Mais à d'autres moments, lorsque Xavier, notre plus jeune garçon, me dit qu'il se considère comme chanceux d'avoir des parents qui sont encore ensemble, contrairement à deux de ses amis en garde partagée qui passent d'une maison à une autre, je fais volte-face. Je me dis alors que je n'ai pas le droit de décevoir les enfants et de leur imposer de tels bouleversements. En quittant mari et foyer, j'aurais l'impression de ne penser qu'à ma petite personne. »

Comme la fin de leur plus récente rencontre l'annonçait, Josée n'a pas tardé à rappeler sa bonne amie Geneviève. Même si cela ne fait pas très longtemps qu'elles se sont vues, les choses ont continué de se dégrader au sein du couple formé par la gestionnaire de portefeuille et le fonctionnaire municipal. Heureusement que Geneviève est dotée d'un très grand sens de l'écoute, parce que Josée est littéralement intarissable.

« Parfois, lorsque je me sens moins affectée par les comportements des uns et les humeurs des autres, je considère la possibilité de rester jusqu'à ce que les enfants soient plus vieux et plus autonomes. Mais ça m'apparaît loin, beaucoup trop loin, et je ne pense pas pouvoir tenir le coup si longtemps. Continuer de faire vie commune avec Jean-Marc tout en faisant le deuil d'une vraie vie de couple me paraît complètement irréaliste.

«Comme tu peux le voir, Geneviève, je suis complètement perdue et je ne sais pas trop quoi faire pour me sortir de cette ambivalence. Je te trouve bien patiente de m'écouter et de ne pas me traiter de poule pas de tête.»

AMBIVALENCE CONTRAIGNANTE

À force de chercher des réponses et de se rendre compte qu'ils tournent en rond, malgré tous les efforts qu'ils peuvent faire, il n'est pas rare que les conjoints épuisés en viennent à baisser les bras et à vouloir tout abandonner. Avant d'envisager une rupture définitive, ils auraient cependant tout avantage à attendre d'être dans un état d'esprit favorable pour ce faire. Lorsque l'un ou l'autre se retrouve au cœur d'un burnout amoureux, ce n'est surtout pas le moment de prendre des décisions précipitées. Il est nettement préférable de procéder par étapes et d'explorer toutes les options possibles.

C'est d'autant plus indiqué pour des personnes comme Josée qui, en plus de l'indécision chronique qui les affecte, présentent tous les symptômes d'une dépression. Avant d'envisager une solution aussi radicale que la séparation, il importe qu'elles entreprennent un travail en profondeur sur elles-mêmes. Rares sont cependant ceux et celles qui y parviendront sans l'aide de parents, d'amis, de confidents et même de professionnels de la santé physique et mentale.

Mais, que la décision finale conduise à une séparation ou à un rapprochement, la clé du succès consiste à ne pas précipiter les choses de façon que le processus préalable de réflexion respecte les blessures et les fragilités des deux parties impliquées.

RENFORTS NÉCESSAIRES

Que les conjoints épuisés restent en couple ou envisagent d'emprunter chacun une route différente, il importe qu'ils prennent d'abord soin de leur santé physique et mentale. Consciente des perturbations qui l'affectaient, Josée s'est rendu compte qu'elle ne pourrait jouer encore bien longtemps la femme forte et imperturbable.

> *Quand mon médecin m'a proposé de prendre un antidépresseur, ça m'a vraiment donné un coup. Jamais je n'aurais cru me rendre là un jour, moi qui entretenais des préjugés plus que défavorables à l'endroit de ceux qui recouraient à cette forme d'assistance que je considérais comme une béquille. À mes yeux, ces gens ne faisaient que s'écouter et s'apitoyer sur leur sort. Autrement dit, j'étais de l'avis de mon père qui disait encore tout récemment que la dépression est un subterfuge pour les paresseux de ce monde. Je n'étais donc pas très fière lorsque je suis ressortie du cabinet médical avec une ordonnance de pilules pour me calmer et pour dormir.*

Pour beaucoup de gens, la décision d'avoir recours à la médication s'avère éminemment difficile à prendre. Il est donc important qu'ils en discutent avec des professionnels qualifiés - médecins ou pharmaciens -, afin de bien en mesurer les avantages et les inconvénients.

Chaque individu étant différent, il est difficile de prévoir avec exactitude la réponse de l'organisme aux antidépresseurs. Certains réagissent favorablement dès le début du traitement, tandis que d'autres ont besoin de varier les molécules et leur dosage avant d'obtenir les résultats escomptés. L'expérience clinique a plus d'une fois démontré que la prise d'antidépresseurs peut être fort utile, et parfois même nécessaire pour certaines personnes, afin de rétablir l'équilibre chimique de leur cerveau et d'alléger leurs symptômes dépressifs.

Mais il n'y a pas que sur le plan de la médication que le médecin peut intervenir. Certains conjoints sont à ce point épuisés qu'un arrêt de travail temporaire s'avère parfois nécessaire.

J'ai été surprise lorsque le doc m'a parlé de ça. La perspective d'arrêter de travailler, ne serait-ce que pour quelques semaines, était loin de m'emballer. Tout d'abord, parce que mon boulot me plaît au plus haut point, et ensuite, je dois bien l'avouer, parce que j'étais préoccupée par ce que les collègues allaient dire et penser de moi. Sans compter que j'avais peur de perdre des clients importants, ce qui n'est pas rien puisque je suis payée à la commission.

Mais le pire, c'était de m'imaginer à la maison à ne rien faire. Au bureau, au moins, j'ai l'esprit suffisamment occupé pour ne pas penser à mes petits bobos. C'est alors que mon médecin m'a expliqué que, même si les symptômes dépressifs qui m'affectaient étaient sans lien avec mon travail, cela pourrait me faire du bien de prendre un temps d'arrêt de quelques semaines. Il me serait ainsi plus facile de réduire la cadence et d'abaisser mon niveau de stress général.

Bien qu'il s'agisse là d'une solution qui vaut la peine d'être considérée, ce n'est pas la seule. Ceux et celles qui ont la chance d'entretenir de bonnes relations avec leur employeur pourront choisir de lui faire part des difficultés qu'ils vivent et lui demander d'envisager d'autres options que l'arrêt de travail : allègement temporaire de leurs tâches, réduction du nombre d'heures de travail, prise de congés occasionnels, etc. Mais, qu'ils réclament plus de souplesse de la part de leur patron ou qu'ils se rendent à la suggestion de leur médecin traitant de suspendre temporairement leur activité professionnelle, les conjoints épuisés devront prendre le temps de bien évaluer les tenants et les aboutissants de telles solutions, car les enjeux sont multiples et lourds de conséquences.

L'IMPORTANCE DES RÉSEAUX

Lorsque des gens commencent à présenter des symptômes dépressifs, il n'est pas rare qu'ils aient tendance à s'isoler afin de dérober au regard des autres le piètre état dans lequel ils se trouvent. C'est pourtant dans ces moments qu'il leur faudrait faire appel à leurs réseaux personnels afin d'obtenir l'aide et le soutien qui leur seraient bénéfiques. Dans des situations de détresse temporaire comme celles-là, la gêne ou l'orgueil n'ont vraiment pas leur place.

D'aucuns ont besoin d'assistance pour assumer les tâches quotidiennes, d'autres sont à la recherche de la petite tape dans le dos qui leur redonnerait courage et assurance, certains ont besoin de se divertir, d'autres ont plutôt besoin d'être hébergés temporairement, la présence quotidienne du conjoint étant devenue trop difficile à supporter. Comme l'a constaté Josée, ceux et celles qui n'hésitent pas à faire appel à leur entourage s'en sortent généralement mieux et plus rapidement.

Fière et orgueilleuse, je n'aime pas montrer mes faiblesses aux autres. Moi qui ai toujours voulu projeter l'image d'une femme forte, j'avais peur de déranger et de décevoir. C'est donc à contre-cœur que j'ai demandé assistance. Mais, dès que j'ai accepté de piler sur mon orgueil et de m'ouvrir aux autres, l'aide m'est arrivée de tous bords tous côtés.

Ma bonne amie Sandra s'est mise à m'appeler plusieurs fois la semaine pour s'informer de mon état. Catherine et Judith m'ont incitée à les accompagner au théâtre et au cinéma. Maître traiteur de son métier, Mélanie m'a apporté régulièrement de quoi manger. C'était même la plus empressée de toutes, prétendant qu'elle me devait bien ça parce que je l'avais, en d'autres temps, aidée à démarrer son entreprise.

Il m'a fallu évidemment accepter que certaines d'entre elles, à cause des exigences de leur travail ou de la présence de jeunes enfants à la maison, se montrent moins disponibles. Mais ça m'a aussi permis de faire le ménage dans mon réseau, certaines autres que je considérais comme mes amies ayant ignoré mes appels à l'aide.

CHOISIR SES CONFIDENTS

À cette étape de la relation, un certain nombre de conjoints épuisés, moins hésitants que Josée, sont spontanément portés à faire part à leur entourage de ce qu'ils vivent dans l'espoir d'obtenir du soutien et du réconfort. Beaucoup espèrent que le confident saura les guider dans leur réflexion et arrivera à les conforter dans la décision qu'ils auront à prendre.

À l'image de Geneviève, l'amie de Josée, certains font office d'excellents confidents. Ils savent accueillir ce qui leur est dévoilé sans juger ni proposer de conseils ou de solutions risquant de desservir ou de compromettre malencontreusement l'avenir de la personne qui se tourne vers eux. D'autres sont cependant trop proches de ceux et celles qui cherchent une oreille attentive pour les écouter avec un minimum de détachement. Ce qui leur est raconté les affecte trop, provoquant en eux le réflexe de surprotéger l'être cher dans le but de le soulager de sa détresse et de son inconfort. D'autres encore, possédant une expérience trop déformée ou trop limitée de la vie, sont de très mauvais conseil. Et puis, enfin, il y a ceux et celles dont la relation de couple bat aussi de l'aile et qui ne peuvent s'empêcher de se montrer rabat-joie devant tout ce qui relève de la vie à deux. Josée l'a appris à ses dépens.

À quelques reprises, j'ai tenté de parler à ma mère, mais j'ai vite réalisé que ce n'était pas la meilleure personne à qui me confier. Lorsque je faisais référence à certains travers de Jean-Marc, elle ne pouvait s'empêcher de réagir. Elle m'interrompait net en me disant que ce type-là n'était pas fait pour moi, qu'il était trop mou, pas assez ambitieux, qu'il ne gagnait pas suffisamment d'argent, que je méritais mieux et que je ne serais jamais heureuse avec lui. Autrement dit, qu'il valait mieux pour moi que je le laisse tomber le plus rapidement possible.

Comme on peut s'en douter, ce genre de commentaires, qui manquaient cruellement de nuance et de recul, ne m'étaient d'aucun secours. En réaction à sa réaction, je me retrouvais à défendre Jean-Marc, cherchant par tous les moyens à la convaincre des qualités et des mérites qui étaient les siens. Au bout du compte, contrairement à ce dont j'aurais eu besoin, c'est moi qui devais apaiser la colère de ma mère et la rassurer.

Dans ces cas où quelqu'un cherche à se confier sans filtre et sans retenue, il importe de considérer que le confident n'a pas à faire disparaître la souffrance de l'autre, à la vivre à sa place, à l'influencer indûment ou à prendre la décision qui s'impose. Son rôle consiste plutôt à amener celui ou celle qui se tourne vers lui à faire un minimum d'introspection de manière à discerner ce qui s'avère le plus indiqué, tout en tenant compte de son entourage et des conditions ambiantes.

En l'absence d'un adulte à qui se confier, l'option consistant à s'ouvrir à ses enfants est totalement à proscrire. Ceux-ci n'ont en effet pas à connaître les détails de la vie de couple de leurs parents, ni à entendre l'un déblatérer contre l'autre, et encore moins à prendre position. Non seulement ils n'ont ni la maturité ni le recul nécessaires pour revêtir ce rôle, mais une expérience du genre pourrait même s'avérer dommageable pour leur développement psychoaffectif. Dans de telles circonstances, il est préférable que les conjoints éprouvés fassent appel à des ressources externes, comme un groupe de soutien ou un professionnel qualifié.

NE PAS S'OUBLIER

Même si les experts invitent les conjoints qui se retrouvent au cœur d'un burnout amoureux à ne pas oublier de faire montre de sollicitude et de ménagement envers eux-mêmes, il n'est pas rare que ceux-ci résistent à l'idée ou ne sachent tout simplement pas comment s'y prendre pour y arriver. Josée est de ceux-là.

> *Ça fait tellement d'années que je m'investis dans mon travail et que je m'occupe de la maison et des enfants que j'ai tout simplement perdu l'habitude de penser à moi. À une question aussi simple que celle de déterminer quel loisir ou quel passe-temps me permettrait de me détendre et d'oublier un peu ce que je vis, je ne sais tout bonnement pas quoi répondre. Ça montre à quel point je suis déconnectée de mes besoins depuis longtemps.*

Enfant, j'aimais beaucoup pratiquer le patinage artistique, mais mon père a tellement voulu faire de moi une championne toutes catégories que cela m'a enlevé tout goût de continuer. Plus tard, à l'université, je me suis mise au vélo, mais les exigences de l'entrée sur le marché du travail et l'arrivée des deux enfants sont venues mettre un terme à cette activité qui me plaisait bien.

De la même façon qu'il existe plusieurs manières de s'épuiser, il y en a tout autant qui permettent de se ménager et de se refaire. Qu'il s'agisse d'entreprendre la lecture d'un bon livre, de s'offrir des massages thérapeutiques, de se permettre quelques longues siestes, le choix est large et varié. Certains vont choisir d'améliorer leur apparence en renouvelant leur garde-robe et en changeant de coiffure. D'autres, de prendre en main leur santé en faisant du conditionnement physique ou en améliorant leurs habitudes alimentaires. D'aucuns trouveront plaisir à mettre à contribution leurs connaissances et leurs talents en s'impliquant dans une fondation ou dans le conseil d'administration d'un organisme communautaire ou de bienfaisance. D'autres enfin choisiront tout simplement de faire le tri dans leurs fréquentations en ne s'entourant que de gens bienveillants susceptibles de rehausser leur estime personnelle et de favoriser leur épanouissement. Josée, quant à elle, a décidé de reprendre la pratique du vélo sur une base régulière.

Même si je n'en fais que deux ou trois fois par semaine, j'en ressens tout de même les effets. Il faut certes que je m'arrange préalablement avec Jean-Marc pour qu'il s'occupe des enfants, et que je me fasse quelque peu violence les soirs où je rentre particulièrement épuisée du boulot, mais une fois partie, je me dis que j'aurais été bête de me priver de ce petit plaisir si bienfaisant.

En apprenant à se porter un peu plus de considération personnelle, les conjoints épuisés qui se seraient oubliés en cours de route ont ainsi de bonnes chances de voir leurs symptômes d'épuisement physique s'estomper progressivement et leur confiance en eux-mêmes se renforcer graduellement.

UN DÉFI RÉALISABLE

Lorsque des conjoints se retrouvent en proie à un burnout amoureux, il est tout à fait normal – et légitime ! – qu'ils se demandent s'il existe vraiment des couples heureux. À l'instar de tous ceux et celles qui ont un jour ou l'autre expérimenté la vie à deux, nombre de chercheurs se sont penchés sur la question. Voici quelques-uns des principaux éléments qui ressortent de leurs travaux.

Autonomie préalable – Les couples heureux sont souvent formés de gens qui étaient déjà des habitués du bonheur avant de se rapprocher ou d'unir leurs destinées. Ils sont conscients qu'une personne qui est bien dans sa peau risque beaucoup moins de devenir dépendante de son éventuel partenaire. En plus de se montrer moins méfiante envers l'autre et de s'affirmer lorsque la situation l'exige, elle est bien au fait de ses attentes et de ses besoins en matière d'interrelation amoureuse. Et si elle en vient, lors de certains passages à vide, à craindre le pire, elle n'hésite pas à s'en ouvrir à son partenaire afin de le sensibiliser à son mal de vivre et à ses appréhensions.

Attentes réalistes – Contrairement à beaucoup d'amoureux aveuglés par la passion qui les anime, les couples heureux ne nourrissent pas d'attentes démesurées ou irréalistes à l'égard de la vie commune. Ils ne cherchent aucunement à ce que leur relation corresponde à l'image idéalisée de l'amour que véhiculent les médias, les films et les romans à l'eau de rose. Ils savent pertinemment que l'amour ne peut pas être intense, fusionnel et passionnel en permanence. Aucun des deux partenaires ne s'est lancé dans une telle aventure afin de combler un vide et ne fait porter à l'autre la responsabilité de le rendre heureux. Ces conjoints savent que l'amour n'a rien d'une panacée ou d'une solution miracle en mesure de les guérir de leur mal-être, de les rendre heureux et de donner un sens à leur vie. Ils estiment plutôt qu'il s'agit d'un sentiment reconnaissable à des attitudes et à des gestes bien concrets.

Volonté d'implication – Les couples heureux sont nombreux à penser que l'engagement est à la base de toute relation durable. Ils sont conscients que, si l'un hésite à s'investir de façon concrète et perceptible, il suscitera la méfiance chez l'autre, qui aura alors tendance à se protéger. Ils savent également que c'est en s'épaulant mutuellement, dans la perspective où l'un ou l'autre, en viendrait à tomber malade, à perdre son travail ou à vivre un deuil, que se développera et se renforcera le sentiment de confiance sur lequel est appelée à reposer toute relation de couple satisfaisante et durable.

Égalité des rapports – La majorité des conjoints se disant heureux en couple entretiennent entre eux des rapports d'égalité. Pour eux, le partage des responsabilités correspond à une forme d'entraide. Ils ne calculent pas et acceptent même d'en faire un peu plus lorsque l'autre est souffrant ou moins disponible. Lors de situations les opposant, ils se montrent disposés à négocier et à faire des compromis, et ils ne cherchent surtout pas à exercer un contrôle sur l'autre.

Dissemblances avantageuses – Les conjoints heureux sont plus spontanément portés à voir leurs différences de caractère et de personnalité sous l'angle de la complémentarité plutôt que sous celui de l'affrontement. Ils cherchent à s'accommoder de leurs spécificités au lieu d'épuiser leurs énergies à vouloir changer l'autre. Plutôt que de blâmer celui ou celle avec qui ils partagent leur vie, ils mettent leurs désaccords sur le compte de leurs dissemblances. Ni l'un ni l'autre n'estiment détenir la vérité ; ils reconnaissent tout simplement que leur vision des choses est différente.

Considération lucide – Les conjoints heureux se reconnaissent souvent à l'estime et à l'admiration qu'ils se portent l'un l'autre. Tout en se gardant de porter leur vis-à-vis aux nues, ils font le choix d'apprécier ses qualités à leur juste valeur et de concentrer leur attention sur ce qu'il fait de bien et de méritoire plutôt que sur ce qu'il rate ou fait gauchement.

Attentions mutuelles – Les couples heureux sont souvent formés de partenaires qui font montre de bienveillance l'un envers l'autre. Sans pour autant s'oublier comme individus, ils ont tout simplement envie de rendre la vie de l'autre la plus agréable possible. C'est pourquoi ils adoptent entre eux des comportements courtois et respectueux, multiplient les petites attentions, les gestes réconfortants, les sourires, les compliments et les remerciements. Ils évitent de même de s'accuser et de se blâmer mutuellement.

Conversions possibles – Les couples heureux sont la plupart du temps formés de partenaires qui sont en mesure de se remettre en question. Capables d'introspection, ils savent non seulement reconnaître leurs torts et leurs lacunes, mais ils se montrent prêts à y travailler par amour et par considération pour l'autre.

Capacité de rêver – Les partenaires ayant trouvé leur compte dans la vie à deux partagent fréquemment les mêmes grands rêves et aiment se projeter ensemble dans l'avenir. Ils ont souvent des projets à court, moyen et long terme – enfants, achats d'importance, vacances, voyages, etc. – et ils prennent plaisir à les planifier ensemble. Ils ont des passions et des goûts en commun dans toutes sortes de domaines les rapprochant et les amenant à s'apprécier davantage.

Action/réaction – Les couples heureux ne le sont pas vingt-quatre heures par jour. Ils traversent parfois des tempêtes et ils en viennent, comme tout le monde, à se disputer. Ils se distinguent cependant par la façon qu'ils ont de désamorcer les conflits avant qu'ils s'enveniment. Ils ont développé l'art d'aborder les problèmes à mesure qu'ils se présentent. Et, plutôt que d'accumuler du ressentiment, ils préfèrent recourir aux moyens qui leur sont offerts pour se réconcilier rapidement. Bien que leurs différends tirent la plupart du temps leur origine de leurs différences, ils demeurent habités de l'assurance que les conflits ne les empêcheront pas de s'apprécier et d'approfondir ce qu'ils ont mis du temps à construire.

HIÉRARCHISER LES ATTENTES

Lorsque la situation entre deux conjoints devient à ce point tendue que l'avenir même de la relation se trouve remis en question, il est alors impératif qu'ils reconsidèrent leurs attentes et leurs besoins selon un ordre de priorités. Bien qu'il paraisse aisé à première vue, il s'agit là d'un exercice qui est loin d'aller de soi. Josée en sait quelque chose.

Les premières fois où j'ai tenté de le faire, je me suis retrouvée passablement perdue. De nature exigeante et perfectionniste, je n'ai pas l'habitude de penser de cette façon. Pour moi, tout est important, ce qui m'amène à m'épuiser à trop en prendre ou en faire.

À part le fait de vouloir être heureuse, j'étais bien embêtée de déterminer de façon précise ce que je désirais. C'est comme si, trop déçue de mes expériences passées avec Jean-Marc, je préférais ne plus nourrir d'attentes. Mais, à la suggestion d'une amie qui était déjà passée par là et qui avait bénéficié des conseils d'un excellent thérapeute conjugal, je me suis prêtée à l'exercice en faisant abstraction de ce que j'avais vécu avec Jean-Marc et en me projetant même dans une hypothétique relation avec un nouveau conjoint.

Et, à force d'y réfléchir et d'évaluer les différentes possibilités, j'ai fini par établir ce qui était fondamental pour moi dans une vie de couple : que mon partenaire de vie m'apprécie ; qu'il soit honnête et fidèle ; qu'il soit un parent aimant et présent dans la vie de nos enfants ; qu'il assume sa part de responsabilités à l'égard des tâches domestiques et, si possible, qu'il soit généreux et drôle.

Ce petit exercice a permis à Josée de constater que son conjoint avait certes ses défauts, mais qu'il était également attentionné à son endroit, qu'il lui renvoyait une image positive d'elle-même, qu'il l'encourageait dans ses projets, la considérait comme son égale et ne cherchait pas à la dominer. Et que, contrairement à elle, il n'avait jamais songé à la séparation, ce qui était loin de constituer un élément négligeable. Cela l'a amenée à conclure, du moins temporairement, que sa relation avec Jean-Marc ne correspondait peut-être pas au fiasco qu'elle s'était imaginé.

Maintenant que Josée s'est dotée, d'une part, d'un certain nombre d'outils pour s'extirper de son épuisement amoureux, et d'autre part, d'éléments pour évaluer de façon plus rationnelle l'avenir de sa relation avec Jean-Marc, elle se trouve placée devant quatre options au regard desquelles elle devra finalement faire un choix.

LE STATU QUO

Si le conjoint épuisé est rendu aux limites du burnout amoureux, on comprend que cette option n'est plus indiquée. Mais s'il décide de demeurer avec son partenaire sans plus s'investir pour améliorer les choses, voici quelques façons de faire qu'il aura avantage à éviter s'il veut empêcher que la situation ne s'envenime encore plus.

Faire basculer la décision

Certains de ceux qui se retrouvent dans une situation sans issue peinent à prendre la décision qui s'impose. Ils préfèrent laisser le tout se dégrader jusqu'à ce que l'autre se décourage et prenne la décision qu'ils se sentent incapables d'adopter. Ce faisant, le conjoint qui avait initialement fait le projet de quitter l'autre aura fait basculer la décision de la séparation dans le camp du partenaire qui nourrissait originellement l'idée de rester.

Il s'agit là d'une façon de faire qui est loin de constituer un moindre mal. En contournant le problème plutôt que de le prendre de front, elle risque d'aviver les tensions et de multiplier les comportements déplorables, une situation qui, de surcroît, ne manquera pas d'affecter les enfants qui en seront témoins et de rendre encore plus difficile une éventuelle coopération au regard de leur éducation.

Demeurer pour les mauvaises raisons

Parmi les conjoints épuisés qui se refusent à rompre la relation, il y a ceux qui décident de ne pas quitter leur partenaire uniquement par peur de ce qu'il adviendra de leur vie après la séparation. Au nombre des craintes qui les empêchent de bouger, voici celles qu'ils expriment le plus souvent :

- *Tout me porte à croire que, si c'est moi qui engage le processus de séparation, mon entourage m'en voudra au point de couper les ponts avec moi.*
- *J'ai peur que mon conjoint et mes enfants ne s'en remettent jamais.*
- *Je crains que ma situation financière se détériore au point de ne pouvoir réussir à boucler mes fins de mois.*
- *J'appréhende que mon conjoint me rende la vie insupportable après la séparation, c'est-à-dire qu'il ne respecte pas les ententes établies, qu'il me poursuive en justice, qu'il me retire la garde des enfants, qu'il cherche à me subtiliser de l'argent, etc.*
- *Je redoute de passer le reste de ma vie seul ou mal aimé.*
- *Je ne m'estime pas assez pour croire qu'une autre personne pourrait m'aimer.*

Ne rien faire pour améliorer la situation et demeurer en couple uniquement par peur des conséquences malheureuses que pourrait entraîner une séparation ou un divorce n'avantage aucune des personnes concernées. Afin d'éviter que ces craintes viennent teinter l'ensemble des orientations et des décisions à venir, il existe certaines façons d'en vérifier les fondements. Ce que Josée n'a pas hésité à faire.

> *Lorsque je m'imaginais en train d'annoncer à Jean-Marc que je le quittais, j'étais affolée à l'idée des conséquences que ma décision pourrait avoir sur les enfants. Mais, même si je me sentais paralysée par tant d'anxiété, je ne voulais surtout pas poursuivre cette relation sur la seule base de mes peurs. Si je décidais de demeurer avec Jean-Marc, je voulais que ce soit pour les bonnes raisons, parce qu'il serait encore possible pour moi d'être heureuse avec lui.*
>
> *Pour m'aider, j'ai pris le temps de me documenter sur les conséquences possibles d'une séparation sur les enfants. Au fil de mes lectures, j'ai appris que ceux-ci vivent habituellement ces moments de façon difficile, mais lorsque leurs parents ne les laissent pas tomber et s'entendent pour qu'ils ne manquent de*

rien, ils s'en sortent généralement assez bien. Je me sens maintenant beaucoup mieux équipée pour les aider, et bien que je demeure préoccupée par l'impact possible d'une telle décision sur Jacob et Xavier, j'ai cessé de croire qu'il s'agirait pour autant d'une catastrophe annoncée.

Rester uniquement pour les enfants

Contrairement au cheminement qu'a fait Josée à cet égard, certains parents prennent la décision de demeurer ensemble uniquement dans le but d'assurer le bien-être de leurs enfants et d'éviter des perturbations inutiles. Bien que discutable, ce choix peut s'avérer défendable dans la mesure où ces conjoints d'infortune maintiennent une bonne collaboration entre eux et arrivent à se comporter de manière bienveillante en présence de leur progéniture.

En revanche, les parents qui décident de poursuivre la relation tout en continuant de s'invectiver et de s'entredéchirer se méprennent quant à leur capacité d'éviter le pire à leurs enfants. Peu importe leur âge, ceux-ci demeurent en tout temps particulièrement sensibles aux tensions entre leur père et leur mère. Bien que les façons diffèrent selon les circonstances, il est plutôt rare qu'ils n'en soient pas affectés.

Les parents qui souhaitent sincèrement le bonheur et l'épanouissement de ceux et celles qu'ils ont mis au monde ont tout avantage, malgré les crises qu'ils traversent, à continuer à se respecter même si le lien amoureux a disparu. Ils gagneront toujours à s'appuyer et à s'entraider pour assurer l'éducation des enfants, et ce, peu importe les orientations qu'ils donneront à leurs vies respectives.

UNE SECONDE CHANCE

Si des conjoints éprouvés par l'épuisement décident, pour les raisons que nous venons d'évoquer, de demeurer avec celui ou celle dont les comportements ou les attitudes les ont conduits à un tel état, il en est d'autres, comme Josée, qui choisissent de donner une seconde chance à leur couple. Il s'agit de la deuxième option qui se présente aux conjoints se retrouvant en plein cœur d'un burnout amoureux. Comme on peut s'en douter, le défi n'est pas mince, mais il est tout à fait possible de le relever dans la mesure où les intentions de chacun sont exprimées clairement et de façon respectueuse à l'endroit de l'autre.

Dans un premier temps, j'ai dit franchement à Jean-Marc que je ne pouvais plus continuer sur la voie où nous étions partis depuis quelque temps. Mais, contrairement à ce que j'avais l'habitude de faire lorsque venait le temps d'aborder des sujets litigieux, c'est-à-dire crier et le menacer de séparation, je suis demeurée d'un calme de tout instant. Je lui ai expliqué que j'étais malheureuse, à un point tel que je pensais de plus en plus souvent à la rupture.

En prenant ainsi les devants, Josée s'attendait que Jean-Marc ne la prenne pas au sérieux et qu'il banalise une fois de plus ce qu'elle venait de lui révéler. Elle s'était même imaginé qu'il allait à son tour lui avouer qu'il n'en pouvait plus et que, pour lui aussi, la séparation paraissait la meilleure des solutions. Mais, à son grand étonnement, Jean-Marc n'a pas du tout réagi comme prévu.

Quand Josée m'a dit qu'elle pensait à la séparation, j'ai eu un vrai choc. J'ai bien perçu qu'elle était sérieuse et qu'il ne s'agissait pas d'une menace creuse. Il y a un moment que je voyais bien que ça n'allait pas et que notre relation battait de l'aile, mais j'étais loin de me douter qu'elle était malheureuse au point de vouloir me quitter. Je me faisais croire que tout n'était pas si grave, que le temps allait arranger les choses, que les enfants allaient vieillir et que nous aurions un peu plus de temps pour nous. Je m'en rends compte aujourd'hui : en me complaisant dans de telles réflexions, je vivais dans le déni le plus total.

Pourtant, à bien y penser, les indices étaient évidents. Josée se montrait souvent impatiente avec moi, elle m'évitait de plus en plus, nous ne partagions plus aucune intimité, il n'était plus jamais question entre nous de projets ou de plans d'avenir. C'est triste à dire, mais il a fallu qu'elle soit sur le point de me quitter pour que je me réveille et que je la prenne au sérieux. L'idée de la perdre me fait carrément paniquer. Je suis prêt à tout faire pour que notre relation s'améliore. J'espère seulement qu'il n'est pas trop tard.

Mise en face d'une réaction qu'elle souhaitait, mais à laquelle elle était loin d'être préparée, Josée s'est montrée plus perplexe qu'enthousiaste.

Même s'il se dit disposé à tout faire pour que notre couple aille mieux, je demeure perplexe. Ce n'est pas que je ne le sente pas sincère; il apparaît évident, aux larmes qu'il verse et au désarroi qu'il affiche, qu'il a peur de me perdre. Mais la colère est toujours présente en moi. Je lui en veux d'avoir attendu tout ce temps pour réaliser que notre relation n'allait pas, pour se remettre en question et se montrer ouvert au changement.

Mais, même si je me sens encore passablement ambivalente quant à notre avenir, je crois tout de même que ça vaut la peine d'essayer. Si Jean-Marc s'était montré fermé à mes propos et n'avait pas manifesté un désir certain de s'améliorer, je l'aurais laissé sans trop d'hésitation, car j'en étais pratiquement rendue là. Mais au moins, en acceptant de nous donner une seconde chance, je ne pourrai pas me reprocher de ne pas avoir tout essayé.

CHANGEMENTS POSSIBLES

Quelques semaines après que Josée et Jean-Marc eurent convenu de se donner une seconde chance, celle-ci s'est empressée d'appeler son amie Geneviève pour lui faire part des changements qu'elle avait observés. La conversation qui s'en est suivie a eu l'effet d'une véritable bouffée d'air frais.

«Sur plus d'un point, je suis renversée par le comportement de Jean-Marc. Depuis quelque temps, on dirait un autre homme. Il participe davantage aux tâches domestiques sans rechigner et sans que j'aie besoin de lui rappeler constamment ce qu'il doit faire. Il est aussi plus présent lors de la routine du matin et du soir avec les enfants. Évidemment, rien n'est encore parfait, mais je dois avouer que le changement est considérable. Il ne s'enferme plus au sous-sol sitôt le repas terminé, mais il passe du temps avec moi à lire ou à regarder la télé. De plus, il parle beaucoup ; en fait, on n'a jamais autant discuté. Mais ce qui fait toute la différence, c'est qu'il est prêt à m'écouter. Il cherche à savoir comment je me sens, si je perçois les changements qu'il apporte et si je songe encore à le quitter. Mieux que ça, en plus de me faire régulièrement des compliments et de me répéter chaque jour qu'il m'aime, il me demande même de quelle façon il pourrait encore s'améliorer.

— Et toi, Josée, comment te sens-tu devant ce qui se passe ?

— C'est assez complexe, je dois dire. Une partie de moi apprécie ces changements qui, dans plus d'un cas, ne manquent pas de me toucher. J'aime beaucoup que Jean-Marc respecte mon rythme et ne me mette pas de pression. Dans ces moments, je me dis qu'il me reste encore quelques sentiments pour lui, mais je ne me sens aucunement capable de lui rendre la pareille, de lui dire que je l'aime et encore moins d'avoir des relations sexuelles. Et, même si je commence à apprécier ses marques d'affection, je ne veux surtout pas lui donner de faux espoirs.

— Mais à t'entendre, tu sembles prête à donner une seconde chance à votre relation.

— Oui, je pense que c'est ce que je préfère, même si certains jours je me laisse encore prendre par le découragement et que je me demande si je vais finir par y arriver. Ayant beaucoup investi dans la petite famille que je forme avec Jean-Marc et les enfants, je me dis que ce serait insensé de tout foutre en l'air au moment où il est prêt à tout faire pour que ça fonctionne. Étant donné son degré d'implication, je m'efforce à mon tour d'être plus tolérante avec lui, d'apprécier la façon dont il se comporte avec moi et de prendre davantage en considération ses qualités. Et, comme tu peux le voir, mon état général s'est amélioré : mon sommeil est meilleur, mes émotions sont moins à fleur de peau et ma tristesse s'estompe tranquillement.

— Mais dis-moi, Josée, tout ça, c'est bien beau, mais que comptes-tu faire de ta relation avec Martin ?

— À partir du moment où j'ai décidé de donner une seconde chance au couple que je forme avec Jean-Marc, j'estime qu'il était insensé de revoir Martin. Même si cette amorce de relation était sous plusieurs aspects enivrante, je n'en demeurais pas moins celle qui continuait de donner la priorité à des valeurs comme l'honnêteté et la transparence. Et, même si je tentais parfois de me faire croire que je ne faisais rien de mal, que j'avais moi aussi droit au bonheur et que Jean-Marc était à sa façon la cause de cette aventure en devenir, je me sentais terriblement coupable de continuellement tenir un double discours avec lui. D'autre part, si je me suis toujours refusée à avoir des relations sexuelles avec Martin, ce n'est pas parce que l'envie m'en manquait, mais parce que je savais très bien que céder à ces pulsions aurait rendu mon attachement envers cet homme encore plus fort. Je suis restée lucide au moins sur ce point. Mon rôle de mère a toujours été le plus important pour moi, et il était évident que je commençais à le négliger. Sans compter que j'avais de plus en plus de difficultés à vivre avec la femme frivole et irresponsable que j'étais en train de devenir.

— Est-ce que cela a été difficile pour toi de mettre fin à cette relation ?

— Oui et non. Je m'explique. Même si Martin a beaucoup de qualités que Louis ne possède pas, les quelques contacts que nous avons eus m'ont permis de découvrir qu'il était plaignard et imbu de lui-même. Deux traits de personnalité qui me rebutent au plus haut point. En fait, plus j'apprenais à le connaître, plus je déchantais. Mais ce qui est venu mettre un terme à mes dernières illusions, c'est lorsque j'ai appris qu'il fréquentait d'autres femmes par des réseaux de rencontres.

— Eh bien ! en voilà une surprise. Et qu'as-tu fait ?

— Je n'ai pas attendu un seul instant et je l'ai confronté sur-le-champ. Il s'est alors mis à me dire que j'étais la seule qui comptait vraiment, que les autres femmes étaient sans importance, qu'il tentait de mettre fin à ces relations, mais que ce n'était pas toujours évident, parce que certaines d'entre elles se faisaient particulièrement insistantes. Si j'avais été follement amoureuse et que j'avais découvert chez lui des valeurs compatibles avec les miennes, je l'aurais peut-être cru. Mais, à force d'apprendre toutes sortes de choses à son sujet, il m'est apparu de plus en plus clair que je ne voulais pas de ce genre d'homme dans ma vie.

– Et comment tu t'y es prise pour rompre avec lui ?

– Je lui ai tout simplement dit que je voulais donner une chance à mon couple et que je préférais ne plus avoir de contacts avec lui. Et, afin de faire les choses correctement du point de vue professionnel, je l'ai adressé à un de mes collègues pour qu'il s'occupe de ses investissements.

– Il a bien réagi ?

– Au lieu de l'attrister, ma décision l'a littéralement offusqué. Il m'a dit que j'allais le regretter et revenir bientôt vers lui en rampant. C'est vraiment incroyable à quel point ce type-là se prend pour un autre ! Son attitude m'a finalement aidée à passer à autre chose. Qu'est-ce que je me sens ridicule aujourd'hui d'avoir été attirée par un homme comme lui !

– Et à ton travail, comment cela s'est-il passé ?

– Au début, ça n'a pas été simple, car il a essayé de s'en prendre à ma réputation en me faisant passer pour une incompétente. Mais, comme je suis la plus performante de la boîte, ses dénigrements sont vite tombés à plat. Pour te montrer à quel point il est orgueilleux, il n'a jamais osé parler de notre pseudo-relation pour ne pas être obligé d'avouer que c'était lui qui avait été laissé en plan. C'est tout dire ! »

Il est possible que, contrairement à Josée, certains partenaires éprouvent plus de difficulté à mettre un terme à une relation parallèle. Pour ceux et celles dont la rupture serait impérative, mais qui se sentiraient particulièrement dépourvus au regard des attitudes à adopter et des gestes à effectuer, l'ouvrage *L'Infidélité, un traumatisme surmontable* pourrait leur être d'un grand secours.

En marge de ce qui est proposé dans ce livre-référence, voici quelques conseils qui pourraient aider les plus hésitants à passer à l'action lorsque celle-ci s'impose :

- Si un conjoint comme Jean-Marc fait valoir clairement qu'il tient à l'autre et se montre prêt à faire les efforts nécessaires pour améliorer son comportement, il convient de lui donner une nouvelle chance, même si le partenaire épuisé est encore en proie à un profond découragement. Un tel sursis suppose de lui accorder le temps nécessaire afin qu'il prouve qu'il est en mesure d'apporter des changements effectifs et durables. Le jeu en vaut la chandelle, car s'il y arrive, même imparfaitement, c'est la méfiance du conjoint épuisé qui risque de s'en voir réduite au fur et à mesure des transformations effectuées.
- Lorsque leur vis-à-vis fait montre d'un minimum de bonne volonté, il est conseillé aux conjoints victimes de burnout amoureux de ne pas remettre leur relation en question pour un laps de temps pouvant varier de six à douze mois. Au cours de cette période, il importe que ceux-ci – même s'ils éprouvent de profonds relents de découragement – ne menacent pas leur partenaire de séparation. Ils gagneront plutôt à aborder ce sujet uniquement lorsque cette option aura été plus d'une fois soupesée et qu'ils seront disposés à pleinement assumer les conséquences d'une telle décision.
- Si, dans le processus de remise en question, le conjoint épuisé découvre qu'il présente des fragilités particulièrement grandes, ou qu'il porte encore de vives blessures susceptibles de vicier indéfiniment sa relation de couple, une thérapie individuelle avec un spécialiste de la relation d'aide peut alors s'imposer. Le but d'une telle démarche n'est pas de faire disparaître de telles vulnérabilités, mais de faire en sorte qu'elles n'empoisonnent plus sa vie et sa relation avec l'autre.

- Il peut également être d'un grand secours pour les deux partenaires concernés de revenir sur les suggestions pratiques contenues dans l'ensemble du présent ouvrage afin de convenir desquelles ils pourraient tirer profit à court et à moyen terme. Une lecture attentive des propositions avancées dans le chapitre précédent, par rapport aux attitudes à adopter pour se rapprocher - indulgence, respect, encouragement, persévérance, soutien à l'autre –, s'avère particulièrement indiquée.

Si, après avoir éprouvé certaines des formules proposées, les partenaires concernés décident finalement d'emprunter des parcours différents, ils auront au moins le sentiment de s'être rendus au bout de leurs possibilités et d'avoir fait le nécessaire pour sauver ce qui était récupérable dans leur relation. Il leur sera alors plus facile de ne pas se confondre en regrets et de bien vivre avec leur décision.

LA SÉPARATION TEMPORAIRE

Au nombre des hommes et des femmes qui vivent un burnout amoureux, on trouve également ceux qui souhaitent prendre une pause momentanée parce que le quotidien avec le conjoint devient trop lourd à porter ou à vivre. Il s'agit là de la troisième option qui se présente à eux après que le statu quo et la possibilité de la seconde chance ont été déclinés ou expérimentés. Cette possibilité s'offre particulièrement aux partenaires qui, même s'ils se disent incapables de tolérer la présence de l'autre dans leur environnement immédiat, ne se montrent pas prêts pour autant à mettre un terme définitif à la relation.

Dans des cas comme ceux-ci, la séparation temporaire peut s'avérer une option intéressante. Elle comporte entre autres comme avantage de faire baisser la tension entre conjoints, de leur permettre de prendre un peu de recul pour mieux réfléchir à l'avenir de leur relation et, une fois le calme rétabli, de mesurer s'ils se portent encore des sentiments amoureux ou si tout est bel et bien fini. Elle donne donc aux conjoints un avant-goût des effets que pourrait avoir l'éloignement définitif sur chacun d'eux.

La séparation temporaire n'a toutefois rien à voir avec une quelconque forme de congé du partenaire. Il s'agit d'une option qu'il importe de prendre très au sérieux, car elle correspond souvent à la dernière possibilité de relance de la relation avant la séparation définitive. Afin de tirer profit au maximum de cette solution qui leur est offerte, les conjoints concernés auront avantage à s'entendre sur les points suivants :

La durée de la séparation – L'idéal est de s'accorder une pause de trois à six mois afin que l'un et l'autre bénéficient de suffisamment de temps pour laisser la poussière retomber, mettre en perspective les événements – heureux et malheureux – vécus jusque-là, se refaire une santé physique et mentale, redéfinir leurs attentes par rapport à une relation de couple et prendre la mesure de ce que serait leur vie sans l'autre.

Qui part et qui reste ? – Il s'agit là d'une situation qui pose son lot de problèmes, car les conjoints concernés n'ont souvent ni parents ni amis chez qui se réfugier. Même s'il s'agit de quelqu'un de connu et d'apprécié, la perspective de résider chez un tiers, ne serait-ce que quelques mois, relève du véritable défi. Les aménagements sont différents, les habitudes de vie ne sont pas les mêmes et rien ne garantit, par exemple, que les enfants des hôtes se montreront aussi accueillants que leurs parents. Par conséquent, les conjoints en phase de séparation temporaire qui disposent de certains moyens financiers trouveront avantage à se tourner vers un petit meublé qu'ils seront en mesure de quitter sans problème dans la perspective où ils reprendraient la vie commune avec leur partenaire.

Pour ce qui est des enfants, il importe qu'ils demeurent en permanence dans ce qui était considéré comme le foyer familial. C'est aux parents d'alterner entre leur lieu de résidence temporaire et la maison en fonction du partage de la garde qu'ils auront établi.

La gestion des actifs communs – À cette étape où un retour à la vie commune est toujours possible, il importe que les partenaires n'entreprennent aucune démarche pour vendre ou scinder les actifs qu'ils pourraient posséder : résidences principale et secondaire, placements et épargnes, régimes de retraite, actions d'entreprise, etc.

Le partage des dépenses – Il est recommandé aux conjoints concernés de ne rien changer à leur mode de fonctionnement quant au partage des dépenses liées au bien-être des enfants et à l'entretien de la résidence familiale. D'autre part, s'ils conviennent d'un commun accord de louer un logement qu'ils occuperont à tour de rôle le temps de la séparation temporaire, il est souhaitable qu'ils acquittent conjointement cette dépense supplémentaire.

L'exclusivité – Voilà un autre élément qui pose souvent problème. Certains conjoints séparés temporairement de leur vis-à-vis souhaitent bénéficier d'une totale liberté afin de pouvoir, pour toutes sortes de raisons qui leur sont propres, rencontrer d'autres personnes. D'autres veulent jouir de la même latitude afin d'aller au bout d'une relation déjà entamée avec une amoureuse de passage ou un nouvel amant. D'autres encore veulent profiter de leur disponibilité temporaire pour se rassurer sur leur capacité de plaire tandis qu'un certain nombre souhaitent tirer avantage du moment afin d'assouvir leur appétit sexuel.

Lorsqu'un des deux conjoints se permet ce genre de liberté, la séparation, bien que temporaire, risque non seulement d'être difficile à vivre, mais même de demeurer un projet mort-né. À titre de thérapeute conjugal, je n'ai rencontré personne à ce jour qui, tout en étant encore amoureux de son conjoint, accepte sereinement sa non-exclusivité durant une telle pause.

La nature des contacts – Afin que la séparation temporaire puisse générer les effets escomptés, il est plus que souhaitable que les interactions entre conjoints momentanément séparés demeurent cordiales et qu'elles se limitent aux aspects les plus fonctionnels de la vie.

L'information à l'entourage – Quelle que soit la position retenue par les partenaires concernés à ce propos, le plus important consiste à ne pas déblatérer contre l'autre en son absence.

Cheminement personnel ou thérapie de couple ? – En marge des ententes régissant leur séparation temporaire, il est recommandé aux deux partenaires concernés de procéder à un bilan de la relation qu'ils viennent de mettre sur pause et de réfléchir à leur avenir. Dans certains cas, la thérapie de couple peut s'avérer utile afin d'approfondir et de partager ces réflexions, de définir ce qui est nécessaire pour revenir ensemble et de se donner toutes les chances pour que ça fonctionne. Les consultations avec un spécialiste de la relation de couple peuvent également être utiles afin d'aider les conjoints irréconciliables à mieux se séparer.

Le moment indiqué pour le retour – Contrairement à ce que beaucoup aimeraient croire, il n'existe pas de date, de jour ou de période désigné pour ce faire. C'est aux conjoints ayant décidé de se donner ce recul temporaire qu'il revient de déterminer, à partir de ce qu'ils observent et de ce qu'ils ressentent, le meilleur moment pour amorcer un retour à la vie commune. Il peut s'agir de celui où les deux partenaires réalisent que l'autre leur manque ; de celui où ils en sont arrivés à mieux comprendre ce qui n'allait pas entre eux et où, par conséquent, ils se trouvent disposés à reconnaître leur part de responsabilité et à faire ce qu'il faut pour que la relation s'améliore ; de celui où ils sont revenus à une vision de la vie de couple plus réaliste et plus compatible avec leurs attentes respectives ; de l'étape où ils se rendent compte que la tension a considérablement baissé, de sorte que la colère et le ressentiment ne constituent plus un obstacle à leur réinvestissement dans la relation ; ou encore du moment où le conjoint s'étant investi dans une autre relation réalise qu'il n'est pas prêt à remettre en cause la vie avec son partenaire légitime et qu'il est décidé à rompre sa relation parallèle.

L'expérience clinique démontre que les conjoints qui optent pour une séparation temporaire éprouvent beaucoup de difficulté à s'entendre sur ces différents éléments. Il est d'ailleurs intéressant de noter que les points de divergence sont souvent à la mesure de la somme des différends ayant mené ces couples au bord de la rupture. L'un s'attend à l'exclusivité, tandis que l'autre souhaite profiter de l'occasion pour entreprendre de nouvelles relations. L'un prétend que c'est au conjoint ambivalent de quitter le foyer familial, tandis que celui-ci pense que le partage s'impose d'emblée. L'un considère qu'une pause de six mois constitue un minimum, tandis que l'autre estime que c'est trop long.

Comme on peut le constater, même si la séparation temporaire peut s'avérer salutaire pour bien des couples en difficulté, et qu'elle représente pour beaucoup une occasion privilégiée de repartir sur des bases plus solides et plus durables, rien n'est simple lorsque vient le temps de recourir à cette troisième option. Ce qui amène certains couples à songer à l'éventualité d'une séparation définitive.

LA SÉPARATION DÉFINITIVE

Il importe toutefois que les partenaires qui estiment être parvenus à un point de non-retour prennent bien le temps de soupeser chacun des tenants et des aboutissants de cette quatrième option, afin de s'assurer que c'est vraiment elle qui s'impose et que la rupture qui s'ensuit n'entraînera pas que des regrets et des frustrations supplémentaires.

L'éloignement des proches

Pour les conjoints qui ont des enfants, le fait d'être privés de leur présence au moment où l'autre en a la garde est souvent l'aspect le plus difficile à gérer. Ne plus être présents chaque jour pour partager leurs joies ou pour consoler leurs peines apparaît aux yeux de beaucoup comme une calamité, sinon une injustice. Certains parents craignent même de perdre leur place auprès de leur progéniture ou de voir s'affaiblir leur rôle en faveur du nouveau partenaire de leur ex-conjoint. Cette appréhension peut être d'autant plus grande lorsque celui-ci consacre plus de temps aux enfants qu'ils le font eux-mêmes.

Pour beaucoup de partenaires se retrouvant dans une telle situation, la séparation provoque aussi l'éloignement de personnes appréciées, qu'il s'agisse de parents, d'amis ou de membres de leur belle-famille. On voit ainsi des ex-conjoints, qui étaient particulièrement proches de leurs beaux-parents, contraints de s'en distancer sans qu'ils l'aient vraiment souhaité.

Baisse du niveau de vie

En plus des inévitables blessures affectives et psychologiques qu'entraîne la rupture d'un couple, le niveau de vie et le confort matériel des conjoints séparés ne manquent également pas d'être directement affectés. Étant donné qu'elles ne sont plus couvertes par deux revenus, les dépenses inhérentes à la vie courante de chacun se voient par conséquent sensiblement majorées. En se retrouvant dans l'obligation de payer l'ensemble des frais de subsistance les concernant, certains se trouvent appauvris au point d'être contraints de demander l'aide d'un proche ou de s'endetter de façon significative, ce qui vient ajouter l'humiliation à un malaise déjà grand.

D'autres se voient obligés de retourner sur le marché du travail, parfois même après plusieurs années d'absence. Le retard accumulé, particulièrement à l'égard des nouvelles technologies de communication, porte souvent un dur coup à leur confiance en eux déjà passablement ébranlée. Certains sont contraints de suivre des cours pour mettre leurs compétences à jour dans l'espoir d'accéder à un emploi suffisamment rémunéré pour vivre décemment. D'autres doivent cumuler études et emploi afin d'y parvenir. Confrontés à la difficulté de concilier harmonieusement l'ensemble de ces nouvelles exigences, beaucoup se trouvent grandement affectés, quand ce n'est pas carrément dépassés.

De plus, comme on peut l'imaginer, il est également difficile pour les conjoints concernés - et particulièrement pour ceux ou celles qui se sont fait quitter - de devoir se détacher de certains biens ayant contribué au confort collectif au fil du temps. Non seulement ils doivent se satisfaire d'un partage qui ne leur convient pas toujours, mais ils se voient souvent dans l'obligation de quitter une résidence et un quartier auxquels ils s'étaient attachés pour se retrouver dans un environnement qui leur est parfois complètement étranger. Ce sont là des deuils qui ne font que s'ajouter à celui du couple qu'ils formaient précédemment.

Un quotidien plus lourd à gérer

Une fois la séparation effective, chacun se voit contraint d'assurer seul l'ensemble des tâches quotidiennes. Cela vient ajouter au fardeau déjà présent, car même si le partage préexistant pouvait paraître inéquitable, il y avait au moins certaines obligations qui étaient assumées par l'un et dont l'autre n'avait pas à se soucier. Qu'il s'agisse de l'entretien de la maison ou de la voiture, de la préparation des repas ou de la gestion des dépenses courantes, les nouveaux ex doivent désormais prendre des décisions dans des domaines où leurs compétences et leurs connaissances sont parfois limitées. Il en est de même pour ce qui est de la garde et de l'éducation des enfants. Ces responsabilités peuvent devenir d'autant plus lourdes lorsque l'autre n'est plus là pour aider, prendre la relève et se faire solidaire des exigences imposées aux enfants.

Avantages possibles

Aussi étonnant que cela puisse paraître, et bien qu'elle demeure un des événements les plus bouleversants de la vie d'une personne adulte, la séparation peut également comporter son lot d'aspects positifs. Elle est ainsi en mesure de procurer un certain soulagement à des conjoints dont le quotidien était essentiellement composé de confrontations et de tensions continuelles. Une fois la relation remise en cause et la séparation entérinée, ceux-ci se sentent quelquefois plus libres de composer avec les aléas de la vie de tous les jours, trouvant avantage à ne plus avoir à faire tous les compromis ou à sans cesse subir une critique négative.

Lorsque la séparation est effective et assumée, beaucoup d'ex-conjoints sont agréablement surpris de constater qu'ils disposent de plus de temps pour s'occuper d'eux-mêmes. La rupture s'avère entre autres salvatrice pour ceux qui ont longtemps privilégié, à leurs dépens, les désirs de l'autre. Elle permet même à certaines personnes de réaliser leur plein potentiel et de relever de nouveaux défis. Quelques-unes décident ainsi de parfaire leur formation afin de se qualifier pour un emploi plus motivant ou plus rémunérateur au sein de l'entreprise où elles travaillent déjà. D'autres préfèrent se réorienter et entreprendre la nouvelle carrière dont elles rêvaient depuis longtemps.

La vie qui suit la dissolution du couple offre aussi la possibilité de renouer avec des amis et des réseaux de connaissances négligés depuis longtemps. Grâce à des activités ou à des initiatives entreprises depuis la séparation, les nouvelles conditions de vie permettent également de faire de nouvelles rencontres et de tisser d'autres types de liens.

Quand doit-on considérer la séparation comme définitive ?

- Lorsque le conjoint en phase de burnout amoureux a recouru à toutes les ressources qui étaient à sa disposition – lectures, thérapies, consultations, etc. –, qu'il a fait montre de bonne volonté et de persévérance, mais que son vis-à-vis demeure fermé à toute tentative de rapprochement et de relance.
- Quand le partenaire épuisé a cherché, de toutes les manières, à sensibiliser l'autre à ses malaises et à sa peine, mais que celui-ci demeure de glace, laissant croire du coup qu'il ne tient plus vraiment à la relation.
- Lorsque le conjoint victime d'épuisement amoureux réalise que la relation cloche depuis trop longtemps et que l'autre ne fait que montrer désintérêt et désamour.
- Quand le partenaire en phase d'épuisement total considère qu'il a tout fait pour sauver la relation qu'il entretenait avec l'autre, et que, après avoir longuement évalué les conséquences d'une éventuelle séparation, l'idée même lui procure soulagement et consolation.

SE SÉPARER SANS TOUT CASSER

Bien qu'il s'agisse là d'une éventualité soulevant un vif scepticisme chez bon nombre de séparés ou de divorcés potentiels, il est tout à fait possible de mettre un terme à une relation sans que les conjoints concernés s'entredéchirent et ajoutent aux nombreux différends déjà existants. Encore faut-il qu'ils se donnent un minimum de moyens pour ce faire.

La médiation familiale

Dans la majorité des cas, dont ceux où l'échange demeure ouvert et constructif, il peut s'avérer fort utile que les couples en instance de séparation rencontrent un médiateur familial afin d'en arriver à des ententes et à des compromis qui soient équitables pour tous en matière de conditions liées à la séparation, au partage des biens et, s'il y a lieu, à la garde des enfants et aux pensions alimentaires qui pourraient y être rattachées. Il est cependant primordial de s'assurer que chacun des partenaires impliqués - et surtout celui qui se voit écarté par la décision de l'autre - est retombé sur ses pieds avant d'entreprendre une telle démarche. Il est aussi essentiel que la personne quittée ait dépassé le stade de la négation, qu'elle ait pu exprimer sa détresse, qu'elle ait commencé à se remettre du traumatisme, que ses réactions soient plus modérées, qu'elle comprenne mieux la décision de son partenaire, que la tension entre les conjoints ait diminué et qu'un minimum de respect ait été retrouvé entre eux.

Il est en effet vain d'essayer de négocier des aspects techniques et juridiques s'il n'existe pas une certaine qualité d'échange entre les participants. Lorsque les partenaires sont encore ébranlés ou déprimés, il leur est pratiquement impossible de se concentrer sur les véritables enjeux et d'évaluer la portée précise des décisions qu'ils sont appelés à prendre. Il se peut aussi que le ressentiment empêche certains conjoints de faire quelque compromis que ce soit, ou encore que la culpabilité en pousse d'autres à tout donner, sans tenir compte d'un partage juste et équitable.

Au Québec, les conjoints avec des enfants à charge ont droit à des rencontres de médiation familiale gratuites. Parmi les responsabilités qui incombent au médiateur désigné, on trouve celle d'informer les partenaires concernés de l'existence des différentes lois régissant leur situation présente ou à venir, de même que celle de faciliter leurs échanges de façon qu'ils arrivent à des compromis convenables pour chacun d'eux. Le médiateur ne prend pas de décision à la place des parents et ne prend pas parti pour l'un ou l'autre, même s'il se laisse la possibilité d'intervenir lorsqu'il réalise qu'une concession est susceptible de léser une des deux parties. Il est aussi là pour s'assurer que les ententes conclues entre les parents ne causeront pas de préjudices aux enfants.

La démarche de médiation a l'avantage d'atténuer le niveau de conflit entre les parents et de privilégier la coopération après la séparation. Elle contribue de plus à épargner aux enfants un certain nombre de situations potentiellement génératrices de séquelles psychologiques. Enfin, une grande majorité de conjoints qui y font appel se disent satisfaits de l'approche et des résultats obtenus. En conséquence, ils sont moins portés à avoir recours aux tribunaux pour régler des conflits que la médiation est en mesure de leur éviter.

La nécessaire coopération

Les ex-conjoints devront continuer à se consulter et à prendre des décisions concertées concernant plusieurs aspects de la vie courante, comme le choix de l'école et la sélection des activités sportives ou culturelles de leurs enfants. Mais si, malgré leur bonne volonté, les difficultés de communication persistent, il peut alors s'avérer judicieux d'entreprendre une démarche pour corriger la situation. Il existe des cours pour aider les parents à mieux communiquer, à découvrir des façons de s'entraider de même qu'à gérer certains comportements problématiques de leurs enfants. Les ressources offertes en ce sens ont entre autres l'avantage d'être axées sur les aspects très pratiques de la vie quotidienne.

Quelle que soit la dynamique existant entre les ex-conjoints, il est important de rappeler qu'une saine entente entre le père et la mère biologiques est essentielle au développement et au bien-être de leurs rejetons. Il est capital, pour le bien de tout le monde, que chacun se libère du désir de vengeance qui enferme dans le passé et qui conduit trop souvent à utiliser les enfants pour manipuler ou faire souffrir l'ex-conjoint. La souplesse et l'abnégation sont donc des vertus à considérer.

Quelques recommandations d'usage

Bien qu'il soit normal et coutumier que les enfants réagissent plus ou moins négativement à la séparation de leurs parents, les difficultés qu'ils éprouvent s'atténuent ou disparaissent généralement après quelques mois. C'est entre autres le cas lorsqu'ils réalisent, d'une part, que ceux-ci sont toujours présents dans leur vie et s'entraident au lieu de se faire la guerre et, d'autre part, qu'ils ont leur place dans les nouveaux milieux de vie que leurs parents sont en train de créer chacun de leur côté. Il existe toutefois un certain nombre de repères facilitant la mise en place de conditions gagnantes. En voici quelques-uns :

- mettre clairement les enfants au courant de ce qui va se passer après la séparation : modalités de garde, changements d'école, gestion des activités de loisir, etc. ;
- préserver, dans la mesure du possible, l'environnement déjà existant afin de ne pas trop perturber leur vie et de leur procurer un sentiment d'appartenance ;
- prendre en compte, dans la mesure du possible, les préférences des adolescents au regard des modalités à mettre en place, car plus ils avancent en âge, plus ils sont en mesure d'exprimer leurs volontés ;
- ne pas laisser choisir les jeunes enfants, car ils n'ont pas la maturité nécessaire pour prendre de telles décisions ;
- éviter les promesses que l'un ou l'autre des ex ne serait pas en mesure de respecter ;
- partager du temps avec chacun des enfants pour accueillir leur peine et leur déception de même que pour leur assurer qu'il sera toujours possible de vivre des moments agréables en leur compagnie ;
- ne pas forcer les enfants à parler d'eux-mêmes, mais demeurer disponible lorsqu'ils désireront le faire de leur propre chef ;
- si les enfants ne veulent pas se confier à leurs parents pour ne pas leur causer de chagrin, privilégier les contacts avec

des confidents dignes de confiance, comme une tante, un oncle ou un des grands-parents ;
- aviser le personnel de l'école et celui du service de garde de la séparation afin qu'ils soient plus attentifs et plus compréhensifs avec eux ;
- donner aux enfants toute la latitude d'aimer leurs deux parents et faciliter les contacts fréquents avec l'un et l'autre, que ce soit en personne, par téléphone ou par les réseaux sociaux ;
- maintenir une structure, imposer des limites et définir des règles de comportement raisonnables ;
- désapprouver l'éventuel chantage émotif de l'enfant.

UN DÉFI PERMANENT

Peu importe si un couple décide de demeurer uni ou de se séparer, l'avenir ne sera jamais dénué d'embûches. Dans le premier cas, les conjoints devront surmonter leurs réticences, se réapprivoiser et rebâtir leur confiance en l'autre. Dans le second, la crainte, l'incertitude et même la solitude risquent de faire partie du quotidien des ex-partenaires pendant un certain temps. Quel que soit l'aboutissement des épreuves passées, il faudra laisser le temps faire son œuvre. Certes, l'inconnu apporte toujours son lot d'insécurité et d'inquiétude, mais il ouvre également la porte à une foule de possibilités.

Les couples formés de Josée et Jean-Marc et de Caroline et Louis ont compris que, si l'éloignement qu'ils avaient vécu au cours des dernières années leur a permis de redonner la préséance aux valeurs sur lesquelles ils souhaitent refonder leur vie commune, ils auront tout de même à faire montre de la plus grande des vigilances s'ils désirent mettre à profit les quelques leçons qu'ils ont tirées de leur expérience.

Mais, qu'ils s'enfoncent dans la tempête ou qu'ils voguent sur des eaux calmes, seul l'avenir sera en mesure de démontrer s'ils ont fait ou non les bons choix.

CHAPITRE 10

Lendemains d'épuisement

Il y a deux ans, Josée était en pleine crise d'épuisement amoureux. Aujourd'hui, elle va mieux; beaucoup mieux. La route a été longue et laborieuse, mais elle s'en est sortie. L'abattement émotionnel et affectif dans lequel elle s'est retrouvée l'a conduite à entreprendre un long processus d'introspection, de remise en question et de dépassement personnel qui n'a pas été de tout repos. Mais, au final, elle est fière d'avoir pris les dispositions qui s'imposaient pour se reprendre en main et donner une seconde chance à son couple.

Sa vision des choses a commencé à passablement changer à compter du moment où elle a compris que sa valeur personnelle ne reposait pas uniquement sur l'image de perfection et d'invulnérabilité qu'elle s'était faite d'elle-même. Les petits écarts qu'elle s'est permis avec Martin lui ont fait prendre conscience qu'elle n'était pas exempte de vulnérabilités et que la gestionnaire avisée et en contrôle qu'elle était dans sa vie professionnelle pouvait devenir passablement ambivalente dans certains aspects de sa vie personnelle. Ce qui l'amène aujourd'hui à se montrer plus indulgente envers elle de même qu'à l'endroit de l'homme avec qui elle a finalement décidé de poursuivre la route.

Je ne cherche plus à dissimuler mes carences et mes faiblesses, à me défendre lorsque je suis dans l'erreur et à laisser croire aux gens que je détiens la vérité en toutes choses. Certains disent que je suis moins suante qu'avant et ils n'ont pas tort ! Je me prends moins au sérieux, je ne m'obstine plus pour des riens, j'écoute davantage ce que les autres ont à dire et je ris plus facilement. Plusieurs de mes proches me l'ont même fait remarquer !

Je sais que je vais en surprendre plus d'un, mais j'ai aussi appris à déléguer et à accepter que les choses ne se fassent pas exactement à ma façon. Non pas qu'il n'y ait plus rien qui me dérange, mais je n'en fais plus tout un plat comme avant. Je m'en prends de moins en moins souvent à Jean-Marc pour ce qu'il omet de faire et j'arrive de plus en plus à me retenir de passer derrière lui.

Le souci de bien faire m'anime toujours, mais je ne vise plus la perfection, ce qui m'enlève pas mal de poids sur les épaules. En donnant la priorité à l'essentiel plutôt qu'à l'accessoire, je dispose ainsi de davantage de temps pour m'investir dans mon couple et dans ma famille.

Pour ce qui est de Jean-Marc, il a eu très peur de perdre Josée. Saisi de panique lorsqu'il a constaté que sa conjointe songeait à le quitter, il a d'abord cherché à tout faire pour qu'elle revienne sur son projet. Mais ses premières initiatives ont été loin de donner les résultats escomptés. Maladroit, il a fait montre de tellement de prévenance et d'attention à son endroit qu'elle s'est d'abord sentie envahie. Devant les signes de résistance qu'elle affichait, son angoisse et sa crainte de la perdre n'ont fait que s'accentuer.

Ma détresse était tellement grande, et j'avais à ce point besoin d'être rassuré, que j'éprouvais de la difficulté à accepter qu'elle ne partage pas le même enthousiasme que moi. Mais je comprends aujourd'hui que, à cette période, elle était tellement déçue et ambivalente qu'elle ne savait même plus si elle m'aimait encore. J'ai dû me faire à l'idée qu'elle avait besoin de temps et d'exemples de changement concrets avant de se réinvestir dans notre relation.

Ainsi, pendant des semaines et des mois, Josée et moi avons dialogué, ce qui m'a permis de comprendre comment elle se sentait et de lui faire part de la façon dont je vivais les choses. Il est vrai que je ne suis pas l'homme le plus déterminé et le plus persévérant dans la vie, mais j'étais prêt à tout pour qu'elle ne mette pas sa menace à exécution. À force d'explications, j'ai finalement compris que ce dont Josée avait le plus besoin, ce n'était pas de déclarations enflammées et de gestes d'éclat, mais d'un homme qui prenne des initiatives et qui s'engage au quotidien à ses côtés.

Constatant que Josée appréciait les efforts qu'il faisait, Jean-Marc a vite gagné en assurance et en savoir-faire. Si bien qu'après quelques mois elle lui a même avoué que, même si sa méfiance n'avait pas totalement disparu, l'implication et la constance dont il faisait montre la touchaient profondément. Ce qui n'a pas manqué de produire son effet sur l'ensemble de la dynamique familiale.

L'ambiance générale de la maison s'en est ressentie au point que les garçons nous en ont fait la remarque. Petit à petit, Josée a réappris à se laisser taquiner, allant même jusqu'à se surprendre à rire de mes plaisanteries et de mes fanfaronnades. Sur un plan plus personnel, elle se montre également plus ouverte à mes timides initiatives de rapprochement. Nous sommes encore loin des grands élans fusionnels, mais pour ce qui est de notre vie sexuelle, je suis prêt à l'attendre aussi longtemps qu'il le faudra.

En constatant que les changements observés s'inscrivent dans le temps, Josée se sent rassurée quant au choix qu'elle a fait de demeurer avec Jean-Marc. Elle remarque également que le désespoir qui l'habitait devant l'avenir de leur couple se dissipe peu à peu.

Lentement mais sûrement, je ressens de nouveau des sentiments favorables à son endroit. Après le travail, j'ai hâte de rentrer à la maison et de le retrouver. J'apprécie non seulement la proximité affectueuse que nous sommes en train de développer, mais je recommence même à éprouver une certaine forme de désir pour lui.

Il reste encore bien du chemin à parcourir, mais je nous sens sur la bonne voie. Aussi improbable que cela aurait pu paraître à une certaine époque, je suis heureuse d'être là où je suis, aujourd'hui, dans ma vie.

CAROLINE ET LOUIS

Pour leur part, grâce à une meilleure compréhension l'un de l'autre, Caroline et Louis ont pu tourner la page sur un éprouvant chapitre de leur vie à deux. Louis vient à peine de terminer ses études de maîtrise, et bien qu'il en soit des plus heureux, il constate à quel point il lui aurait été impossible de relever un tel défi s'il n'avait pas bénéficié de l'appui constant et inconditionnel de celle qui lui a prodigué conseils et encouragements pendant plus de deux ans.

Les mots me manquent pour exprimer toute la gratitude et la reconnaissance qui m'habitent à l'endroit de Caroline. Le fait qu'elle m'ait encouragé sans rechigner tout au long de mes études constitue à mes yeux une preuve d'amour sans équivalent. Je me suis senti aimé comme j'en avais particulièrement besoin à ce moment-là.

Je suis parfaitement conscient que cela n'a pas été de tout repos pour elle. En plus de mon emploi, il m'arrivait fréquemment de passer des soirées à étudier et des week-ends à réaliser les travaux pratiques qu'exigeait cette portion du cursus. Devant tant d'altruisme et de compréhension, comment ne pas me montrer plus tolérant à l'égard de ses petits travers ?

Je n'irais pas jusqu'à dire qu'un tel rythme n'a pas suscité quelques tensions entre nous, mais grâce à la thérapie que nous avons suivie, nous avons appris à réagir sans nous déchirer et à nous ajuster en conséquence.

La démarche avec la spécialiste de la relation d'aide a entre autres permis à Louis de comprendre que son irritabilité à l'endroit de l'éparpillement et de la dispersion de sa conjointe constituait, pour lui qui redoutait l'intimité émotionnelle, une façon inconsciente de la maintenir à distance. Un héritage de son passé où il s'était senti étouffé par une mère dépressive qui avait reporté sur lui des responsabilités qui ne convenaient pas à un enfant.

Bien qu'il n'ait encore rien d'un grand livre ouvert, Louis a appris à tranquillement se dévoiler et à parler un peu plus de ce qu'il vivait. Malgré un emploi du temps très chargé, il a pris sur lui de planifier des moments d'échange et d'intimité destinés essentiellement à démontrer à Caroline à quel point il l'aimait et appréciait ce qu'elle faisait pour faciliter sa vie d'étudiant à temps partiel. Ce qui n'est pas passé inaperçu aux yeux de celle qui attendait depuis longtemps davantage d'implication de sa part.

C'est sûr que ç'a été laborieux et que les études de Louis ont exigé de moi un supplément d'investissement personnel considérable. Mais, sachant qu'il allait en retirer des bénéfices immédiats à son travail, j'ai eu du plaisir à le faire. Les moments passés ensemble se faisaient certes rares, mais à la différence du passé, Louis s'est montré plus attentionné et plus disposé à s'exprimer. Ce qui m'a profondément émue, moi pour qui les mots sont tellement importants !

De plus, lorsque je lui parlais, il prenait le temps de me regarder dans les yeux et de me poser des questions. Je ne me sentais plus comme la fatigante qui le dérangeait avec son besoin de parler. D'autre part, que Louis ait accepté de suivre une thérapie m'a beaucoup touchée, car je sais à quel point il était réticent au départ. Qu'il ait consenti à se remettre en question, à faire l'effort de me comprendre et à tenir compte de mes besoins m'est allé droit au cœur.

Rien n'est encore parfait, mais Caroline a aujourd'hui la profonde conviction que Louis l'aime sincèrement et profondément. La peur qu'elle a longtemps nourrie – à savoir qu'il se désintéresse finalement d'elle comme l'avaient fait plusieurs de ses anciens amoureux – a beaucoup diminué. Sous le coup du stress ou de la fatigue, il arrive que quelques doutes ressurgissent encore, mais elle arrive assez rapidement à les maîtriser. Elle ne s'accroche plus désespérément à Louis jusqu'à ce qu'il la rassure.

Mais la meilleure des nouvelles dans tout cela, c'est que Louis vient d'être nommé au poste qu'on lui avait promis et pour lequel il était retourné à l'université. Son salaire ayant été substantiellement revu à la hausse, nous avons fait une offre d'achat pour une maison à la campagne, et elle vient d'être acceptée. Je suis vraiment fébrile à l'idée de l'aménager à notre goût, car il s'agit d'un rêve que je caresse depuis que je suis toute petite.

Quand je prends le temps de m'arrêter pour constater tout le plaisir que ça nous apporte, je suis contente de ne pas avoir jeté l'éponge lorsque Louis et moi avons connu une période creuse dans notre relation. Aujourd'hui, je me dis que nous récoltons ce que nous avons semé !

UNE ÉPREUVE SURMONTABLE

Comme le laissent voir le parcours de Caroline et Louis et celui de Josée et Jean-Marc, le burnout amoureux demeure, malgré les souffrances qu'il entraîne, un écueil qu'il est possible de surmonter. Pour y arriver, cependant, il importe que chacun des partenaires concernés prenne conscience que, contrairement à un accident ou à un coup du sort, l'épuisement amoureux ne s'abat pas sur un couple du jour au lendemain, mais qu'il prend lentement forme au cours des différentes étapes de la vie à deux.

Il ne s'agit toutefois pas d'une catastrophe annoncée. Chaque partenaire de vie étant sensiblement différent, il est possible que la relation qui rapproche ou unit certains d'entre eux traverse différemment les étapes évoquées au cours des pages précédentes. Ainsi, d'aucuns vont connaître une phase conflictuelle passablement éprouvante sans que la relation avec leur conjoint soit nécessairement remise en cause, tandis que d'autres, confrontés à des écueils comparables, ne pourront éviter de faire le deuil de leurs aspirations les plus chères.

Chose certaine, lorsqu'il menace, le burnout amoureux est une réalité qu'il importe de ne jamais banaliser. C'est pourquoi il s'avère capital que les hommes et les femmes concernés se donnent les moyens de bien soupeser chacune des avenues qui se présentent à eux avant de tirer des conclusions trop hâtives ou de prendre quelque décision que ce soit.

Il en va non seulement des attentes et des besoins qu'ils nourrissent à l'endroit de la vie de couple, mais également de leur équilibre psychoaffectif et de leur bonheur personnel.

Bibliographie

ATWOOD, J. « The Mating Game : What We Know and What We Don't Know », *Journal of Couples Therapy*, vol. 4, n°s 1 et 2, 1993, p. 61-87.

BOWLBY, J. *Attachment and Loss – vol. 1 : Attachment*, 2e éd., Basic Books, New York, 2002.

BRASSARD, A., LUSSIER., Y. et SHAVER, P.R. « L'attachement dans les relations de couple : fonctions et enjeux cliniques », *Psychologie Québec*, vol. 26, n° 3, mai 2009, p. 24-26.

CHAPMAN, G. *Les Langages de l'amour – Les gestes qui disent « Je t'aime »*, éd. du Trésor Caché, Gatineau, 2008.

CHRISTENSEN, A. et JACOBSON, N. *Couples en difficulté : accepter ses différences*, éd. De Boeck, Louvain-la-Neuve, 2012.

COLLECTIF, *DSM – IV – TR : Manuel diagnostique et statistique des troubles mentaux*, éd. Masson, Paris, 2004.

GOTTMAN, J. et SILVER, N. *Les Couples heureux ont leurs secrets – Les sept lois de la réussite*, éd. JC Lattès, Paris, 2011.

HARRIS, R. *Le Piège du bonheur – Créez la vie que vous voulez*, Les Éditions de l'Homme, Montréal, 2009.

HAYES, S. et SMITH, S. *Penser moins pour être heureux : ici et maintenant, accepter son passé, ses peurs et sa tristesse*, éd. Eyrolles, Paris, 2013.

HENDRIX, H. *Getting the Love You Want*, Yankee Publishing, 2003.

JOHNSON, S. *Serre-moi fort! – Sept conversations pour une vie entière d'amour,* First Éditions, Paris, 2013.

KAUFMANN, J. C. *Sociologie du couple,* Les Presses universitaires de France, coll. Que sais-je?, Paris, 1993.

MONEY, J. *The Love Map Guidebook: A Definitive Statement,* Continuum Publishing Group, 1999.

PECK, S. *Le Chemin le moins fréquenté,* éd. J'ai lu, Paris, 1990.

PINES, A. *Couple Burnout – Causes and Cures,* Routledge Books, 1996.

ST PÈRE, F. *L'Infidélité: un traumatisme surmontable,* Les Éditions de l'Homme, Montréal, 2012.

YOUNG, J. E. et KLOSKO, J. S. *Je réinvente ma vie – Vous valez mieux que vous ne pensez,* Les Éditions de l'Homme, Montréal, 2013.

Table des matières

Suivez-nous sur le Web

Consultez nos sites Internet et inscrivez-vous à l'infolettre pour rester informé en tout temps de nos publications et de nos concours en ligne. Et croisez aussi vos auteurs préférés et notre équipe sur nos blogues!

EDITIONS-HOMME.COM
EDITIONS-JOUR.COM
EDITIONS-PETITHOMME.COM
EDITIONS-LAGRIFFE.COM

Achevé d'imprimer au Canada
sur papier Enviro 100% recyclé